Jean-Claude Parfait EKOMI ABOUE

Bataille Spirituelle

Jean-Claude Parfait EKOMI ABOUE

Bataille Spirituelle

Combat Spirituel

Éditions Croix du Salut

Cover image: www.ingimage.com

Publisher:
Éditions Croix du Salut
is a trademark of
International Book Market Service Ltd., member of OmniScriptum Publishing Group
17 Meldrum Street, Beau Bassin 71504, Mauritius

Printed at: see last page
ISBN: 978-613-7-37244-9

BATAILLE SPIRITUELLE

OU

L'ART DU COMBAT SPIRITUEL

PRELUDE

L'une des choses, qui m'a le plus révolté dans mes débuts dans la marche avec Jésus a été de constater mon impuissance, devant plusieurs situations de blocages et de combats.

Je savais que j'étais la cible, de l'Enfer, et qu'il me fallait me défendre. Mais, mon ignorance de plusieurs vérités, était telle que l'ennemi en profitait et me rendait la vie amère.

J'avais constaté, une chose. C'est qu'à chacune des réunions de prière dans l'église locale à laquelle, j'appartenais, je n'arrivais pas à prier avec les frères et les sœurs. Je trouvais beaucoup d'ignorance du monde spirituel dans leurs prières et de vérités révélées, qui débloqueraient les situations les plus compliquées.

Au point, où certains me traitaient de rebelles à l'autorité, quoique je ne le fusse pas. Mais, seulement, j'avais reçu un esprit supérieur en Sagesse, Intelligence et Connaissance qui me faisait apprécier les faits d'une manière différente de mes frères et sœurs.

Ce sont ces vérités spirituelles, dans l'art du combat spirituel que le Seigneur me conduis à partager avec Son Eglise.

LA REALITE DU COMBAT

Il faut pour ceux qui lisent, ce livre que nous soyons d'accord sur ce point, il y a un combat spirituel, qui se déroule chaque jour dans nos vies. Et qui se fait remarquer, par les différents changements que nous constatons au quotidien, positif ou négatif soient-ils.

Nos vies témoignent de, deux faits que nous sommes libérés. On observe, alors un épanouissement à tous les niveaux.

Jean 8 : 36 *Si donc le Fils vous affranchit vous serez réellement libres.* **Scofield**.

Jean 10 : 10 (b) *Je suis venu afin que les brebis aient la vie, et qu'elles l'aient en abondance.* **Scofield**.

Ou que nous sommes encore liés et l'on observe des blocages, des limitations et des manquements à n'en pas finir. Et, Jésus nous l'a dit,

Jean 14 : 30 *Le prince du monde vient. Il n'a rien en moi.* **Scofield**.

Il n'y a aucune commune mesure, entre lui et Moi. Ce que Je suis, il ne l'est pas. Je suis la Vie, et il est la mort. Je suis l'abondance, et lui la sécheresse. Je suis le Gardien, et lui est le voleur.

Et,

Jean 10 : 10 (a) *Le voleur ne vient que pour dérober, égorger et détruire.* **Scofield**.

Donc, on est d'accord que l'on est loin de la volonté de Dieu, lorsque l'on regarde de plus près nos vies. Et, pour preuve,

Jérémie 29 : 11 *Car, Je connais les projets que J'ai formé pour vous, dit l'Eternel, projets de paix et non de malheur, afin de vous donner un avenir et de l'espérance.* **Scofield**.

Sans oublier,

Apocalypse 12 : 12 (b) *Malheur à la Terre et à la Mer ! Car le diable est descendu vers vous, animé d'une grande colère, sachant qu'il a peu de temps.* **Scofield**.

I Pierre 5 : 8 *Soyez sobres, veillez. Votre adversaire, le diable, rôde comme un lion rugissant, cherchant qui il dévorera.* **Scofield**.

Si, jusque-là vous n'êtes pas convaincu de la réalité du combat, c'est que vous êtes encore voilé. Et malheureusement, que vous marchiez encore dans la chair ; selon vos cinq sens. Ou si jusque-là, vous ne savez pas ce que c'est que le combat spirituel, c'est que vous êtes très loin du repos sur cette Terre.

L'écriture de ce livre vient pour soulager, les frères et sœurs qui sont confrontés, à ces problèmes de sorcellerie, magie et j'en passe. Il est très important de toucher, à ce sujet, car le ¾ de l'Eglise en est confronté. J'aime pas trop à parler du royaume des ténèbres, et dans la plupart de mes livres, j'en fais pas toujours mention, afin que la foi des frères soit tournée et focalisée uniquement, sur Jésus, notre Seigneur.

Mais, le Seigneur Jésus, me demande d'en parler sur ce livre donc, je le ferai. Et, l'Eglise par Sa grâce, pourra en sortir gagnante.

A la gloire et à la louange de Jésus, le Rédempteur béni !

Je pèse la responsabilité qu'est la mienne alors que j'aborde ce sujet, sinon ce thème du Combat Spirituel.

Témoignage :

Bien avant, j'aimerai rendre témoignage de ce que Jésus a fait dans ma vie.

J'ai eu la grâce de rencontrer, sinon de donner ma vie à Jésus, en 2009. J'étais alors en Terminal, au Lycée Joseph Ambourouet Avaro (LJAA) à Port-Gentil (Gabon). J'avais été invité à assister à une rencontre de jeunesse la JPC (Jeunesse pour Christ), par une sœur Ornéla qui était dans la même classe que moi.

Je m'étais vu y aller sans même refuser ; c'est que les fois d'avant une autre sœur qui elle aussi, était dans la même classe que nous, avait tenté de m'inviter à plusieurs reprises. Mais, j'avais toujours trouvé des échappatoires pour ne pas y être. Mais, ce jour-là, j'acceptais sans discourir avec elle.

J'assistai à la rencontre de jeunesse, et là, le prédicateur après sa prédication, va faire l'appel à la vie : Quelqu'un veut-il accepter Jésus aujourd'hui ? Mais, moi je résistai, et je me suis dit, si je me lève, et qu'il prie pour moi. Et, si je tombe, on dira qu'il a des démons. Donc, je résistais à l'appel. Je ne s'aurai jusque-là, jamais expliqué comment j'ai eu à me retrouver devant le prédicateur. Car, je me suis vu faire un bond de trois ou quatre mètre et atterrir devant lui.

Je confessai mes péchés et je reçu Jésus, dans ma vie ce jour. Le prédicateur, ce jour-là m'imposa les mains. En parlant, en langue. Je ne tombais pas et je pus retourner à ma place.

Il s'est passé quelque chose, d'extraordinaire pour moi, c'est à ce moment que l'excellence m'accompagna à l'école. Je pus atteindre la première place en Terminal. Je dois dire que, je la convoitai depuis que j'apprenais et je ne l'avais jamais atteinte, et puisque, nous sommes dans la phase des confidences. J'excellais presque dans toutes les matières, par la grâce de Jésus.

Un jour, alors que je rentrai dans ma salle de classe, et que je m'asseyais à ma place, il s'est produit un évènement, qui va bouleverser toute ma foi. Alors que, je m'asseyais, ma tête va être enveloppée sur l'instant. Comme, par un mouvement d'une chose qui tournait à plus de 50 $tr.min^{-1}$ ou encore 0,83 $tr.s^{-1}$. J'ai fait une série scientifique. ☺

Je n'étais plus capable de me souvenir, de quoi que ce soit en un seul instant. Même, me souvenir du nom de mes proches, avec qui j'habitais depuis plus de vingt ans, était devenu impossible, sinon très compliqué pour moi. De premier de la classe avec 11, je m'étais retrouvé avec un 6.

Mes camarades se moquaient de moi, et ils disaient entre eux, lorsque l'on devient chrétien, on devient bête, s'agissant de moi !

A l'église personne, ne comprenait ce qui m'arrivait. Et ne semblait avoir la solution à mon problème. D'autres le justifiait comme, de coutume le plus souvent par le péché.

J'étais presque devenu, comme un fou. La grâce que j'ai eu c'est que Jésus n'avait pas permis que je perde de mon souvenir Son Nom. Même, les versets bibliques tous, c'étaient évaporés. J'étais semblable, à une feuille de rame de papier vierge.

Auparavant, lorsque, j'étais plus jeune, j'avais entendu dire que certaines personnes s'étaient vues manger en vampire. Et que, l'on travaillait avec leurs têtes. Absurde ! Je pensais et je me disais, elles doivent être tout simplement bêtes, et elles se cachent derrière ces histoires de vampire, sorcellerie, parce que moi, j'y croyais pas trop.

Mais, j'étais devant la réalité, et que devais-je croire ? Devais-je trouver une réponse scientifique ? Ou accepter, que j'ai été une victime de l'ennemi. Et, nouvellement converti, ne connaissant, pas grand-chose du monde spirituel.

Vous l'aurez compris, celui qui écrit ce livre, sait de quoi, il parle.

Bien, je peux donc, poursuivre.

Et je voudrais, expliquer quelque chose. Une notion qui à mon sens, n'a pas été correctement expliqué sur un point. Pour que l'Eglise, les frères et sœurs puissent bénéficier de l'œuvre rédemptrice de la Croix.

Donc, nous allons revenir là-dessus, pour comprendre quelque, vérité essentielle pour voir la tâche qu'il nous faut accomplir avec l'aide du Saint-Esprit.

LE BUT DE LA CROIX

Le but de la Croix était de réconcilier, de nous réconcilier avec le Père au travers de Jésus.

Romains 5 : 10 (a) *Lorsque nous étions ennemis, nous avons été réconciliés avec Dieu par la mort de Son Fils Jésus.* **Scofield**.

I Corinthiens 5 : 19 *Car Dieu était en Christ, réconciliant le monde avec Lui-même en imputant point aux hommes leurs offenses.* **Scofield**.

Comment cela a-t-il été possible ?

Jean 20 : 11-17 *Cependant Marie se tenait dehors près du sépulcre, et pleurait, elle se baissa pour regarder dans le sépulcre ;*

Et elle vit deux anges vêtus de blanc, assis à la place où avait été couché le corps de Jésus, l'un à la tête, l'autre aux pieds.

Ils lui dirent : Femme, pourquoi pleures-tu ? Elle leur répondit : Parce qu'ils ont enlevé mon Seigneur, et je ne sais où ils L'ont mis.

En disant cela, elle se retourna, et elle vit Jésus debout ; mais elle ne savait pas que c'était Jésus.

Jésus lui dit : Femme, pourquoi pleures-tu ? Qui cherches-tu ? Elle pensant que c'était le jardinier, lui dit : Seigneur, si c'est Toi qui L'as emporté, dis-Moi où Tu L'as mis, et je Le prendrai.

Jésus lui dit : Marie ! Elle se retourna, et Lui dit en hébreux : Rabouni ! C'est-à-dire, Maître !

Jésus lui dit : Ne Me touches pas ; Car Je ne suis pas encore monté vers Mon Père. Mais va trouver mes frères, et dis-leur que Je monte vers Mon Père et votre Père, vers Mon Dieu et votre Dieu. **Scofield**.

Ne Me touches pas. Car, Je ne suis pas encore monté vers Mon Père.

Pourquoi ?

Car, il fallait au préalable que Son sang soit examiné au Ciel. Afin que la preuve, soit donnée à toute la Création que Son Sang est pure de tout péché.

Lévitique 17 : 11 (a) *C'est dans le sang que réside la vie d'une créature.* **Bible en français Courant**.

Et que de ce fait, ce Sang puisse être source de Salut pour les hommes. Car,

Lévitique 17 : 11 (b) *Le Seigneur vous autorise à utiliser le sang sur l'autel pour obtenir le pardon en votre faveur ; en effet le sang permet d'obtenir le pardon parce qu'il est porteur de vie.* **Bible en Français Courant**.

Après examen, la Création entière a eu la preuve, que le Sang de Jésus était pure de toutes souillures, ou péchés (le monde invisible, puis un peu plus-tard le monde visible).

Hébreux 10 : 29 *Qu'en sera-t-il alors de celui qui méprise le Fils de Dieu, qui considère comme négligeable le Sang de l'Alliance par lequel il a été purifié, et qui insulte l'Esprit source de grâce ? Vous pouvez deviner combien pire sera la peine qu'il méritera !* **Bible en Français Courant**.

Hébreux 4 :16 *En effet, notre Grand-Prêtre n'est pas incapable nos faiblesses et de sympathiser avec nous. Au contraire, IL a connu toutes nos épreuves : à tous égard, IL a été soumis absolument aux mêmes tentations que nous- et pourtant, IL est resté sans péché.* **Parole Vivante**.

Dédommagement

Puisqu'il a été prouvé que le Sang de Jésus, ne comportait aucune souillure, et qu'IL avait été injustement condamné. Alors, il Lui fut demandé ce qu'IL voulait en compensation.

Par amour pour Dieu, notre Père, et pour les hommes qu'IL a créé, il choisit de demander le rachat des âmes des hommes. Que leurs péchés, leur soient pardonnés selon, qu'ils se tourneraient vers Dieu.

Hébreux 9 : 22 (b) *Sans effusion de sang il n'y a pas de pardon.* **Scofield**.

Ephésien 2 : 8 *Car c'est par la grâce que vous êtes sauvés, par le moyen de la foi. Et cela ne vient pas de vous, c'est le don de Dieu.* **Scofield**.

Ce que le Père accepta. Mais aussi, pour honorer à Sa promesse, IL envoya le Saint-Esprit dans la vie de tous les croyants ; de tous ceux qui avaient acceptés Jésus comme le Sauveur et le Seigneur de leur vie.

Actes 1 : 1-5 *Théophile, j'ai parlé, dans mon premier livre, de tout ce que Jésus a commencé de faire et d'enseigner dès le commencement*

Jusqu'au jour où IL fut enlevé au Ciel, après avoir donné Ses ordres par le Saint-Esprit, aux apôtres qu'IL avait choisis.

Après qu'IL eut souffert, IL leur apparut vivant, et leur en donna plusieurs preuves, se montrant à eux pendant quarante jours, et parlant des choses qui concerne le Royaume de Dieu.

Comme IL se trouvait avec eux, IL leur recommanda de ne pas s'éloigner de Jérusalem, mais d'attendre ce que le Père avait promis, ce que Je vous ai annoncé, leur dit-IL ;

Car Jean a baptisé d'eau, mais vous, dans peu de jours, vous serez baptisés du Saint-Esprit. **Scofield**.

Outre cela, pour récompenser Son acte de bravoure,

Philippiens 2 : 9-11… *Dieu L'a souverainement élevé, et Lui a donné le Nom qui est au-dessus de tout nom,*

Afin qu'au Nom de Jésus tout genou fléchisse dans les Cieux, sur la Terre et sous la Terre,

Et que toute langue confesse que Jésus-Christ est le Seigneur, à la gloire de Dieu le Père. **Scofield**.

Et Dieu proclama le décret, que Jésus est Seigneur.

Actes 2 : 36 *Que toute la maison d'Israël sache donc avec certitude que Dieu a fait Seigneur et Christ ce Jésus que vous avez crucifié.* **Scofield**.

I Jean 5 : 11 *Celui qui a le Fils a la vie ; celui qui n'a pas le Fils de Dieu n'a pas la vie.* **Scofield**.

Hébreux 1 : 8-12 *Mais IL a dit au Fils : Ton Trône, ô Dieu, est éternel ; Le sceptre de ton règne est un sceptre d'équité ;*

Tu as aimé la justice, et Tu as haï l'iniquité ; c'est pourquoi, ô Dieu, Ton Dieu T'a oint d'une huile de joie au-dessus de Tes collègues.

Et encore : Toi Seigneur, Tu as au commencement fondé la Terre, et les Cieux sont l'ouvrage de Tes mains ;

Ils périront, mais Tu subsistes ; ils vieilliront tous comme un vêtement,

Tu les rouleras comme un manteau et ils seront changés ; Mais Toi, Tu restes Le même, et Tes années ne finiront point. **Scofield**.

Et maintenant ?

C'est là que nous rentrons dans la partie qui mérite à mon sens une légère explication, pour une meilleure compréhension.

L'œuvre de la croix était le moyen, par lequel, le Père pouvait à nouveau mettre à la disposition de l'humanité entière toutes les choses ; les statuts, privilèges, grâces etc… qu'Adam avait perdu.

I Corinthiens 15 : 21-22 *Car, puisque la mort est venue par un homme, c'est aussi par un Homme qu'est venue la résurrection des morts.*

Et comme tous meurent en Adam, de même aussi tous revivront en Christ. **Scofield**.

Ainsi tout homme, quel qu'il soit ou que soit ses origines terrestres, peut à nouveau bénéficier de ces privilèges, statuts, autorité et grâce qu'avait perdu Adam. Et même, la plus excellente, la Vie éternelle.

Jean 3 : 16 *Car Dieu a tant aimé le monde (Homme) qu'IL a donné Son Fils (Jésus) unique, afin que quiconque croit en Lui (Jésus) ne périsse point, mais qu'il ait la vie éternelle.*

Les grâces et les faveurs sont à la disposition de tous ceux qui ont crus, à l'œuvre accompli par Jésus à la Croix. Car, tout a été accompli, selon la justice divine. ***Cf Jean 9 : 30***.

Tous ceux qui Lui ont donné leur vie, peuvent en jouir. En opérant spirituellement ; par la connaissance de la parole de Vérité. Ce qui sous-entends que, bien que la personne ait reçu Jésus, le Saint-Esprit, elle peut néanmoins être bloquée par l'ennemi pour faute d'instruction et de connaissance.

Osée 4 : 6 (a) *Mon peuple est détruit parce qu'il lui manque la connaissance.* **Scofield**.

Dans le jardin, le Père a instruit Adam pour le préparer à des oppositions. En lui demandant d'assujettir la Terre. ***Cf Gen1 : 29***. Comme pour lui signifier qu'il y aurait des forces opposées à son développement et épanouissement sur la Terre.

Jésus de nous dire,

Mathieu 11 : 12 *Depuis le temps de Jean Baptiste jusqu'à présent, le Royaume des Cieux est forcé, et ce sont les violents qui s'en emparent.* **Scofield**.

Et, Paul d'ajouter dans

Ephésiens 6 : 12 *Vous n'avez pas à lutter contre le sang et la chair. Mais contre les dominations, contre les autorités, contre les princes de ce monde de ténèbres, contre les esprits méchants dans les lieux célestes.* **Scofield**.

Ainsi ; l'œuvre rédemptrice de la croix, repositionne l'homme en Jésus-Christ. Et remet, à la disposition de l'homme toutes les choses qu'il avait perdu : l'Image de Dieu et la Ressemblance de Dieu.

Image ⟶ Saint-Esprit (Caractère)

Ressemblance ⟶ Puissance Divine.

Mais, pour jouir des privilèges attachés à l'Alliance que nous avons tissée avec Jésus, il nous faut être fort spirituellement. Car, le Satan, le diable ne se laissera pas défaire aussi, facilement. Et donc, avoir à combattre spirituellement.

Juge 14 : 14 (a) *De celui qui mange est sorti ce qui se mange, et du fort est sorti le doux.* **Scofield**.

Jésus a donné Sa vie à la croix pour nous. Le Père nous a accordé la Vie éternelle, le Saint-Esprit et a remis à la disposition de l'homme tous ces privilèges et grâces d'après cet acte. Mais, à laisser la responsabilité à l'homme, de pouvoir en jouir en s'appuyant sur le Saint-Esprit et la connaissance de la Vérité.

II Chroniques 20 : 20 *Le lendemain, ils se mirent en marche de grand matin pour le désert de Tekoa. A leur départ, Josaphat se présenta et dit : Ecoutez-moi Juda et habitants de Jérusalem ! Confiez-vous en l'Eternel, votre Dieu, et vous serez affermis ; confiez-vous en Ses prophètes et vous réussirez.* **Scofield**.

Résumé imagé :

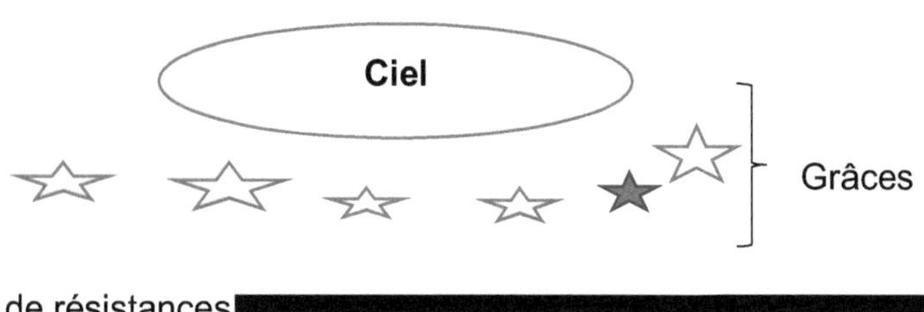

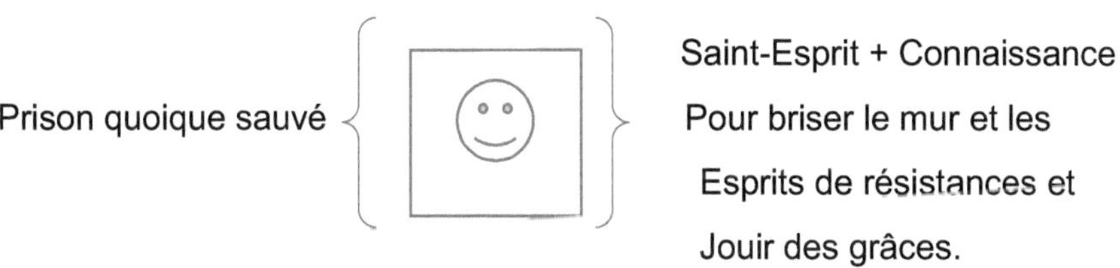

Jean 11 : 43-44 *Ayant dit cela, IL cria d'une voix forte : Lazare, sors !*

Et le mort sortit, les pieds et les mains liés de bandes, et le visage enveloppé d'un linge. Jésus leur dit : Déliez-le, et laissez-le aller. **Scofield**.

Ce qui nous met tous d'accord cette fois-ci, sur la réalité du combat spirituel. Et la nécessité pour nous, de nous perfectionner dans l'art du combat spirituel. Et nous éviter d'être toujours, une victime ou une proie de l'ennemi. Mais plutôt de commencer, à jouir des grâces et privilèges qui sont attachés à notre Alliance avec Jésus.

LE TRIOMPHE DE JESUS

Luc 24 : 5 (b)-6 (a) *Pourquoi cherchez-vous parmi les morts Celui qui est vivant ?*

IL n'est point ici, mais IL est ressuscité. **Scofield**.

Mathieu 28 : 18 *Jésus, S'étant approché, leur parla ainsi : Tout pouvoir M'a été donné dans le Ciel et sur la Terre.* **Scofield**.

Apocalypse 1 : 18 *Je suis le Premier et le Dernier, et le vivant. J'étais mort ; et voici, Je suis vivant aux siècles des siècles. Je tiens les clés de la mort et du séjour des morts.* **Scofield**.

Colossiens 2 : 14-15 *IL a effacé l'acte dont les ordonnances nous condamnaient et qui subsistait contre nous, et IL l'a éliminé en le clouant à la Croix.*

IL a dépouillé les dominations et les autorités, et les a livrés publiquement en spectacle, en triomphant d'elles par la Croix. **Scofield**.

IL est établi, maintenant en Seigneur de toute la Création. Et, ce fait ne sera jamais modifier.

Car,

Romains 8 : 32 *Que dirons-nous donc à l'égard de ces choses ? Si Dieu est pour nous, qui sera contre nous ?*

Lui qui n'a point épargné Son propre Fils, mais L'a livré pour nous tous, comment ne nous donnera-t-IL pas toutes choses avec Lui ? **Scofield**.

Qui sera contre nous ➡ Qui pourra nous résister dans des combats, et tenir ferme après nous avoir combattus.

Psaumes 23 : 5 *Tu dresses devant moi une table, en face de mes adversaires ; Tu oins d'huile ma tête, et ma coupe déborde.* **Scofield**.

Tu dresses devant moi une table ⟶ Tu obliges mes adversaires à négocier avec moi, à cause de Ta puissance.

Psaumes 2 : 7-8 *L'Eternel m'a dit : Tu es mon Fils ! Je T'ai engendré aujourd'hui.*

Demande-moi et Je Te donnerai les nations pour héritage. Les extrémités de la Terre pour possession. **Scofield**.

Psaumes 68 : 29 (a) *Ton Dieu ordonne que tu sois puissant*. **Louis Segond**.

Et que tu fasses bon usage, de Sa grâce, cette grâce d'avoir Jésus pour Seigneur et Sauveur. Et de te montrer intelligent dans le combat spirituel.

Car, les enfants de ce monde sont plus intelligent que les fils du Royaume. **Cf Luc 16 : 8**.

Vous êtes de la race de Dieu, de Jésus le Premier né de la Création. Ceux qui achèvent les œuvres qu'ils débutent. Car, tel IL est, tel nous sommes dans ce monde. Et,

Romains 8 : 37 ... *Nous sommes plus que vainqueurs par Celui qui nous a aimés.* **Scofield**.

Nous sommes plus que vainqueurs ⟶ Ont gagnent toujours avec Jésus.

I Jean 5 : 4-5 *Car tout ce qui est né de Dieu triomphe du monde ; et la victoire qui triomphe du monde, c'est notre foi.*

Qui est celui qui a triomphé du monde, sinon celui qui croit que Jésus est le Fils de Dieu ? **Scofield**.

Celui qui croit ⟶ Celui qui accepte, que c'est à Jésus qu'appartiennent nos vies, et ce monde. Et, non pas Satan. Et qu'IL est plus puissant que Satan, pour nous sortir de tous ses pièges.

Car qui parle de Satan, parle d'opposition farouche. De combats à n'en pas finir, de blocages, de stagnations, d'agressions spirituelles.

Mais bonne nouvelle,

Psaumes 20 : 7-9 *Je sais déjà que l'Eternel sauve Son oint ; IL l'exaucera des Cieux, de Sa sainte demeure, par le secours puissant de Sa droite.*

Ceux-ci s'appuient sur leurs chars, ceux-là sur leurs chevaux ; Nous nous invoquons le Nom de l'Eternel, notre Dieu.

Eux, ils plient, et ils tombent ; Nous nous tenons ferme, et restons debout. **Scofield**.

S'appuient sur leurs chars ⟶ S'appuient sur Satan, et sa puissance.

Nous nous invoquons ⟶ Nous nous appuyons sur Jésus, sur le Saint-Esprit, sur la Connaissance de la Vérité. Et, nous remportons toujours la victoire dans ce cas.

LE SAINT-ESPRIT

On aura le temps de pouvoir rentrer, dans les révélations profondes que nous avons besoins de savoir, sur l'Art du Combat spirituel. Mais, nous voulons poser le fondement.

I Corinthiens 3 : 11, 10 *Car Personne ne peut poser un autre fondement que celui qui a été posé, savoir Jésus-Christ.*

Selon la grâce de Dieu qui m'a été donnée, j'ai posé le fondement comme un sage architecte, et un autre bâtit dessus. Mais que chacun prenne garde à la manière dont il bâtit dessus. **Scofield**.

Nous sommes dans le domaine de l'esprit, et nous ne pouvons pas prétendre opérer sans le Saint-Esprit, pour nous conduire.

IL sonde tout, IL voit tout, peut tout et connait tout. IL est donc, un Allié tout-puissant dont, il ne faudrait pas manquer de consulter. Et de demander la direction à suivre. Lui seul, peut nous révéler les voies et moyens utilisés par l'ennemi contre nous.

C'est pourquoi, bien que Jésus ait triomphé pour nous. Ce triomphe ne peut être manifesté que par la collaboration avec le Saint-Esprit. Sans Lui, nous ne pouvons rien. Lui seul, peut changer nos vies, par Sa direction et Sa puissance.

L'ennemi n'a peur que de ceux qui sont conduis par le Saint-Esprit. Et non de ceux qui prétendent, réussir sans l'associer. Et sachez que par le passé, IL a rencontré des géants dans la foi : Abraham, Isaac, Jacob, Joseph, Job, Daniel, notre Seigneur Jésus qui est béni éternellement, les apôtres, etc... Et tous, se sont appuyés sur le Saint-Esprit, pour être ce que nous connaissons d'eux, des hommes de distinctions, ayant reçu du Père un témoignage favorable. Et, le témoignage de Dieu est véritable.

Donc, associons le Saint-Esprit à tout ce qui concerne nos vies et marchons sur la base de la Parole et de Son conseil.

Résister au Saint-Esprit, c'est résister à Jésus. Ne pas L'associer, c'est ne pas non plus associer Jésus. Et c'est Jésus qui a remporté la victoire pour nous. IL est donc, mieux aguerrit pour nous affermir, conduire, défendre, conseiller et nous faire rentrer dans nos bénédictions.

Jean 14 : 16 *Et Moi Je prierai le Père, et IL vous donnera un autre Consolateur, afin qu'IL demeure éternellement avec vous.* **Scofield**.

Car, c'est bien Lui qui a aussi fait rentrer, Jésus dans Son Héritage ; dans la gloire éternelle. Et, c'est Son but et Sa mission en nous. Et, IL n'attend que cela que nous fassions de Lui, notre Partenaire par excellence ou privilégié.

II Corinthiens 6 : 1 *Or, puisque nous collaborons avec Dieu, nous vous exhortons, vous aussi : veillez à ce que la grâce divine que vous avez reçue ne demeure pas sans effet.* **Parole Vivante**.

II Corinthiens 6 : 1 *Puisque nous travaillons avec Dieu, nous vous exhortons à ne pas recevoir la grâce de Dieu en vain.* **Scofield**.

Bon, il y a une Personne très importante qui voudrait, se présenter donc, je vais la laisser le faire.

Pourquoi M'appelle-t-on Saint-Esprit ?

On M'appelle Saint-Esprit, pour différencier Ma nature de celle de Satan et ses anges. Et du climat, de l'atmosphère qui doit prévaloir où Je Me trouve. Des conditions, qu'il faut absolument remplir pour Me sentir à Mon aise.

Saint pour pur, sans tâche, sans souillures, irréprochable. C'est pourquoi Ma première tâche où fonction est de nettoyer vos vies. Pour vous rendre agréable au Père, à Jésus.

II Thessaloniciens 2 : 13 *Pour nous, frères bien-aimés du Seigneur, nous devons à votre sujet rendre continuellement grâces à Dieu, parce que Dieu vous a choisis dès le commencement pour le salut, par la sanctification de l'Esprit et par la foi en la vérité.* **Louis Segond**.

J'ai pour mission également de vous aider dans vos faiblesses ; pour garder vos cœurs, dans la présence de Dieu. Mais, pour cela également, J'ai besoin de votre implication. Car, cela n'est possible que sur la base de la confiance, et de l'amour que vous portez, pour Jésus ; donc pour le Royaume des Cieux.

Car, on M'appelle aussi, le Paraclet, c'est-à-dire, l'Avocat, le Défenseur, l'Aide, l'Assistant, le Conseiller, le Conducteur, l'Allié, l'Intercesseur, le Soutient.

Romains 8 : 26-27 *De même aussi l'Esprit nous aide dans notre faiblesse, car nous ne savons pas ce qu'il convient de demander dans nos prières. Mais l'Esprit Lui-même intercède par des soupirs inexprimables.*

Et Celui qui sonde les cœurs connaît la pensée de l'Esprit, parce que c'est selon Dieu qu'IL intercède en faveur des saints. **Scofield**.

Romains 8 :26-27 *Ce même Esprit (qui nourrit notre espérance) nous soutient. IL nous prend en charge avec nos faiblesses et nous aide dans nos limitations présentes ; IL vient à notre secours quand nous prions. De nous-mêmes, nous ne connaissons guère nos droits et nos devoirs en nous approchant de Dieu : nous ne savons pas prier efficacement, nous ne trouvons pas les paroles justes ; alors l'Esprit Lui-même intervient et plaide en notre faveur. C'est Lui qui intercède en nous, sans paroles, dans ces soupirs qui montent du plus profond de nos cœurs.*

Et Dieu qui lit dans les cœurs et y scrute les pensées les plus secrètes, comprend le langage de l'Esprit. IL connait Ses aspirations. IL sait discerner le sens de Ses soupirs, car l'Esprit intercède pour nous, Son peuple, en harmonie avec la volonté de Dieu. **Parole Vivante**.

Philippiens 4 : 7 *La paix de Dieu qui surpasse toute intelligence gardera votre cœur et vos pensées, et les maintiendra dans la communion et sous la protection du Christ Jésus.* **Parole Vivante**.

Hormis cela, J'ai pour mission de rendre manifeste la parole, que le Père ou Jésus a eu à prononcer dans les sphères invisibles, réalité aux yeux de tous. Aux yeux de la Création entière (monde angélique et des hommes).

C’est pourquoi, Jésus de vous dire :

Jean 16 : 7 *Mais c’est la pure vérité que Je vais vous dire : si Je M’en vais, c’est pour votre avantage. En effet, si Je ne M’en allais pas, le Conseiller divin ne viendrait pas vers vous. Il est donc, préférable pour vous de Me voir partir, car alors Je vous L’enverrai.* **Parole Vivante**.

Genèse 1 : 2-3 *La Terre était informe et vide ; il y avait des ténèbres à la surface de l’abîme, et l’Esprit de Dieu se mouvait au-dessus des eaux.*

Dieu dit que la Lumière soit ! Et la Lumière fut. **Scofield**.

Autrement dit, Je suis Le seul habileté à faire rentrer tout homme, dans l’accomplissement du plan divin. M’écarter de tout ce qui concerne vos vies, c’est avoir décidé volontairement de vivre une vie de frustration. Comment pouvez-vous M’écarter de vos vies ? Simplement, lorsque vos entreprises, ne sont pas inspirées par Moi.

Proverbes 3 : 5-6 *Confie-toi en l’Eternel de tout ton cœur, et ne t’appuie pas sur ta sagesse;*

Reconnais-Le dans toutes tes voies, Et IL aplanira tes sentiers. **Louis Segond**.

Reconnais-Le dans toute tes voies ⟶ Sois en sûr que ce que tu entreprends à la faveur de Dieu. Et, qu’IL t’a donné Son accord.

Fais bon usage de ce que tu apprends. C’est tout pour la présentation.

BENEDICTION ET MALEDICTION

Le combat spirituel, tirera sa base ou son fondement, sur ces deux notions que sont la bénédiction et la malédiction.

Car, ces deux notions traduisent le cœur de celui qui y fait recours. Et, cela aura pour conséquence, de libérer l'action des anges ou des démons. Donc, nous verrons d'abord ces deux notions pour commencer, notre enseignement sur l'Art du Combat spirituel.

LA MALEDICTION

La malédiction, est le fait de priver un homme ou une femme de ce qui lui appartient par grâce. C'est décidé, de fermer à cette personne toute possibilité de se réjouir, sur cette Terre. En faisant appel, à la puissance des ténèbres consciemment ou inconsciemment, lorsque l'homme serait l'auteur. Car Dieu peut également maudire et pour cela, IL n'a pas nécessairement besoin de démons pour l'accomplir.

En effet, Satan et ses démons sont sous la malédiction divine, selon Sa volonté. Donc, on comprend par-là que Dieu l'a fait par Sa toute puissance, sans aucun secours.

Tout comme aussi, lorsqu'Il le désir, IL peut demander à des démons de punir certaines personnes ; qui ont atteint, le rubicon !

II Chroniques 18 : 18-21 *Et Michée dit : Ecoutez donc la parole de l'Eternel ! J'ai vu l'Eternel assis sur Son trône, et toute l'Armée des Cieux se tenant à Sa droite et à Sa gauche,*

Et l'Eternel dit : Qui séduira Achab, roi d'Israël, pour qu'il monte à Ramoth en Galaad et qu'il y périsse ? Ils répondirent l'un d'une manière, l'autre d'une autre.

Et un esprit vint se présenter devant l'Eternel, et dit : Moi, je le séduirai.

L'Eternel lui dit : Comment ? Je sortirai, répondit-il, et je serai un esprit de mensonge dans la bouche de tous ses prophètes. L'Eternel dit : Tu le séduiras, et tu viendras à bout ; sors, et fais ainsi.

Et maintenant, voici, l'Eternel a mis un esprit de mensonge dans la bouche de tes prophètes qui sont là. Et l'Eternel a prononcé du mal contre toi. **Scofield**.

Maudire, repose sur une parole qui sera prononcée contre une personne précise ou encore contre un quelconque individu.

Donc,

Genèse 9 : 24-25 *Lorsque Noé se réveilla de son vin, il apprit ce que lui avait fait son fils cadet.*

Et il dit : Maudit soit Canaan ! Qu'il soit l'esclave des esclaves de ses frères ! **Scofield**.

Il priva Canaan, du droit de se réjouir sur la Terre. Et, avait tracé la destinée de Canaan celle de devenir et de demeurer esclaves des esclaves de ses frères.

Canaan, ce sont aussi ses descendants.

Genèse 36 : 8 *Esaü s'établit dans la montagne de Séir. Esaü, c'est Edom.* **Scofield**.

Genèse 36 : 43 *Le chef Magdiel, le chef Iram. Ce sont là les chefs d'Edom, selon leurs habitations dans le pays qu'ils possédaient. C'est là Esaü, père d'Edom.* **Scofield**.

Esaü C'est Edom ⟶ Esaü est l'ancêtre d'Edom, Spirituellement Edom représente Esaü. Et est soumis au pouvoir de la parole qui repose, sur la vie d'Esaü, soit bénédiction ou malédiction.

A la différence d'une parole prononcée par Dieu le Père, qui vise elle à juger une personne, à libérer un arrêter de justice, pour le mal qu'elle ne cesse de commettre, qu'elle a commise. Ou qu'on commit ses aïeuls, ou parents. La malédiction traduit la haine que porte l'individu, qui la prononce, ou sa colère contre une tierce personne.

Nombres 22 : 2,5-6 *Balak, fils de Tsipor, vit tout ce qu'Israël avait fait aux Amoréens. Il envoya des messagers auprès de Balaam, fils de Boer, à Pethor sur le fleuve, dans le pays des fils de son peuple, afin de l'appeler et de lui dire : Voici, un peuple est sorti d'Egypte, il couvre la surface de la Terre, et il habite vis-à-vis de moi.*

Viens, je te prie, maudis-moi ce peuple, car il est plus puissant que moi ; peut-être ainsi pourrai-je le battre et le chasserai-je du pays, car je sais que celui que tu bénis est béni, et que celui que tu maudis est maudis. **Scofield**.

Mais, il est à noter que la malédiction, le plus souvent est le propre des autorités démoniaques. C'est-à-dire, des personnes qui invoquent les esprits impures, qui font appel à la puissance des ténèbres.

Quoique, un père, une mère etc… peut aussi, avoir à maudire son enfant.

En un mot, maudire c'est tué un homme, c'est le laissé errer sur la Terre, jusqu'à ce que Le Seigneur le rappelle, C'est ouvrir et laisser couler une mer de problème dans sa vie, tout cela à cause de la haine que lui porte son ennemi.

LA BENEDICTION

La bénédiction est le fait d'ajouter à une personne, des grâces (faveurs, privilèges), dans le domaine spirituel. De prononcer des paroles, qui traduisent la joie de notre âme, ou la reconnaissance envers un acte posé en notre faveur.

Elle repose toujours sur la satisfaction, d'une personne envers un service, un engagement et j'en passe. Elle est toujours provoquée par une attitude de cœur favorable envers, celui qui y a droit.

Genèse 27 : 1-4 *Isaac était devenu vieux. Sa vue avait tellement baissé qu'il n'y voyait plus. Il appela son fils aîné Esaü ! – Oui répondit-il, je t'écoute.*

Isaac reprit : Tu le vois, je suis vieux et je ne sais pas combien de temps j'ai encore à vivre.

Prends ton arc et tes flèches et va à la chasse. Tu me ramèneras du gibier,

Tu me prépareras un de ces plats appétissants, comme je les aime, et tu me l'apporteras, j'en mangerai, puis je te donnerai ma bénédiction avant de mourir. **Bible en Français Courant**.

Bénir, c'est le fait, de désirer réellement la réussite de cette personne. Son bien-être tant spirituel, qu'émotionnel, c'est lui ouvrir les portes pour le futur. Lui préparer le chemin, un chemin de réussite sur la Terre.

Luc 3 : 4-5 *... On entend la voix de quelqu'un qui crie dans le désert : Préparez le chemin du Seigneur, rectifiez les sentiers qu'IL doit parcourir.*

Tout ravin sera comblé, toute montagne et toute colline seront aplanies, les voies tortueuses redeviendront droites, les chemins rocailleux seront nivelés. **Parole Vivante**.

La bénédiction, est avant tout spirituelle ; car, elle est une parole. C'est cette parole qui va se matérialiser dans le monde des humains. Car, elle suivra un principe divin.

Romain 4 : 17 (b) *Dieu qui donne la vie aux morts, et qui appelle les choses qui ne sont points comme si elles étaient.* **Scofield**.

Cette parole ou bénédiction, peut être prononcée par un homme, ou par le Seigneur Jésus. Mais,

Proverbes 10 : 22 *C'est la bénédiction du Seigneur qui enrichit, et IL ne la fait suivre d'aucun chagrin.* **Scofield**.

Car, elle ne vise pas, une manipulation. Mais, est le résultat d'une joie, d'une fierté du Père (Seigneur Jésus). Ou de l'obéissance à un principe divin.

Genèse 22 : 15-18 *L'Ange de l'Eternel appela une seconde fois Abraham des Cieux,*

Et dit : Je le jure par Moi-même, parole de l'Eternel ! Parce que tu as fait cela, et que tu n'as pas refusé ton fils, ton unique.

Je te bénirai et Je multiplierai ta postérité, comme les étoiles du Ciel et comme le sable qui est sur le bord de la mer ; et ta postérité possédera la porte de ses ennemis.

Toutes les nations de la Terre seront bénies en Ta postérité, parce que tu as obéi à ma voix. **Scofield**.

LES PENSEES

La pensée fait partir du domaine de l'âme ; du domaine des émotions. C'est elle qui met le corps en mouvement. En lui, impulsant une direction et un but clair qui devra être atteint. Elle constitue, la cible et le domaine privilégié sur lequel, l'ennemi concentre beaucoup d'effort dans sa lutte contre l'Eglise. En essayant de la contrôler ou de l'obscurcir ; de sorte que la personne ne sachant plus discerner clairement sa pensée, se laisserait déborder par l'ennemi.

Il est très important, d'en parler en allant dans la profondeur de la révélation, afin de ne pas céder ce champ de bataille à l'ennemi. Et, d'être inébranlable, en toutes situations.

LA RECONNAISSANCE DE NOTRE PENSEE

La pensée est une inspiration du monde spirituel. La pensée est la volonté du monde spirituel de communiquer avec une personne, d'agir au travers de cette personne. Ou encore, de collaborer avec cette personne.

Elle est le premier moyen, de fusionner, d'associer le monde invisible au monde visible. Ce n'est vraiment pas de la philosophie, il faudrait comprendre ce que je suis entrain de vous partager.

La pensée est le premier endroit, où les Alliances ou les pactes peuvent être contractés. Où, il nous serait facile de savoir, l'atmosphère spirituelle qui prévaut autour de nous, dans notre vie.

Etudions, ces quelques passages de l'Ecriture

Ecclésiaste 1 : 16 *J'ai dit en mon cœur : Voici, j'ai grandi et surpassé en sagesse tous ceux qui ont dominé avant moi sur Jérusalem, et mon cœur a vu beaucoup de sagesse et de science.* **Scofield**.

Ecclésiaste 2 : 3 *Je résolus en mon cœur de livrer ma chair au vin, tandis que mon cœur me conduirait avec sagesse, et de m'attacher à la folie jusqu'à ce que je voie ce qu'il est bon pour les fils de l'homme de faire sous les Cieux pendant le nombre des jours de leur vie.* **Scofield**.

Nous avons un exemple, de la pensée de Salomon. Nous comprendrons pourquoi, nous attribuons cette pensée à Salomon.

Lorsque nous regardons et essayons de comprendre, ce passage sélectionné. Nous pouvons voir une inspiration, de l'ennemi qui, lui a fait voir l'étendu de sa sagesse. Et qui lui a dit, qu'il pouvait expérimenter la folie. Vue son niveau de sagesse, il ne risquerait rien du tout.

Mais, à quel moment, attribuer à Salomon, cette pensée?

Nous attribuons cette pensée à Salomon, lorsque ce dernier prend position. Et, choisit de s'identifier à cette pensée. Lorsqu'il décide de construire ses actions, sur la base de cette inspiration : *Je résolus en mon cœur.*

Donc, si en ce moment, Salomon cherchait à savoir l'atmosphère spirituelle qui prévalait autour de lui, il saurait que l'ennemi visait sa chute ; en lui proposant la folie. Sachant que, la pensée témoigne de la présence, de l'esprit qui l'inspire autour de vous. Donc, chaque pensée est à prendre au sérieux.

Deuxième cas,

Mathieu 16 : 21-23 *Dès lors Jésus commença à faire connaître à Ses disciples qu'il fallait qu'IL aille à Jérusalem, qu'IL souffre beaucoup de la part des anciens, des principaux sacrificateurs et des scribes, qu'IL soit mis à mort, et qu'IL ressuscite le troisième jour.*

Pierre, l'ayant pris à part, se mit à le reprendre, et dit : A Dieu ne plaise, Seigneur ! Cela ne T'arrivera pas.

Mais Jésus, se retournant, dit à Pierre ; Arrière de moi, Satan ! Tu m'es en scandale ; car tes pensées ne sont pas les pensées de Dieu, mais celles des hommes. **Scofield**.

Jésus reconnu, la présence de Satan, derrière cette pensée.

Hormis, le fait que plusieurs dons pouvaient être manifestés en Lui, je pense notamment au discernement des esprits, ou aux dons de révélations, IL pouvait y arriver, seulement en prêtant attention, sur le sens des mots et la direction que trace cette pensée, devant Lui.

Et, si je parle du chemin que trace cette pensée, c'est parce que l'ennemi utilise aussi, la ruse pour nous détourner.

IL arrive certaines fois, et je crois que cela est déjà arrivé à la plupart d'entre nous, c'est que plusieurs pensées nous assaillissent. Et de ce fait, nous serions amenés à dire que nous avons de mauvaises pensées. Non, on ne devrait pas ! Ces pensée deviennent votre, dès lors où vous vous identifiez à elles. Mais, elles vous permettent de savoir quelle atmosphère spirituelle prévaut autour de vous. Et à quel type d'ennemi vous avez à faire face.

Genèse 4 : 6-7 *Le Seigneur lui dit : A quoi bon te fâcher et faire si triste mine ?*

Si tu réagis comme il faut, tu reprendras le dessus ; sinon, le péché est comme un monstre tapi à ta porte. Il désire te dominer, mais c'est à toi d'en être le maître. **Bible en Français Courant**.

Le Péché ⟶ Le diable, le Satan, les démons.

CONFUSION

La confusion est le fait d'être embrouillé, avoir un cerveau plongé dans les ténèbres. Ne rien voir à l'horizon ; dans l'esprit. Et, ne sachant que faire ou dire. C'est comme être à un endroit, ou il y aurait un fort brouillard. Qui brouille toute vue, toute possibilité de voir plus clair à quelques mètres de nous.

Cette confusion, est due à la présence, comme mentionné plus haut d'un démon qui tourne autour de vous. C'est justement, la nature de cet être qui vous trouble. Car, l'esprit en question est naturellement confus. Vous me diriez confus ? Oui, car l'Enfer plonge également, les démons dans la confusion.

I Samuel 16 : 14 *L'esprit de l'Eternel se retira de Saül, qui fut agité par un mauvais esprit venant de l'Eternel.* **Louis Segond**.

Jean 7 : 20 *Tu es fou, Lui cria la foule, un démon T'a troublé l'esprit, qui est-ce qui veut Te tuer ?* **Parole Vivante**.

C'est arme est utilisée, par l'ennemi pour empêcher tout progrès, tout avancé dans la vie des enfants de Dieu. Et, les garder dans le non accomplissement.

Romains 7 : 15,19 *Car je ne sais pas ce que je fais : je ne fais point ce que je veux, et je fais ce que je hais.*

Car, je ne fais pas le bien que je veux, et je fais le mal que je ne veux pas. **Louis Segond**.

OPPRESSION

L'oppression est le fait d'être confronté à une pensée, qui domine en nous. Et, nous oblige sans le consentement de notre volonté, à vouloir agir dans le sens de la direction qu'elle trace en nous. Et, cette pensée, ne s'arrête jamais en un homme, qu'elle n'est accomplie le pourquoi, elle a été déclenché. Tant bien même, la personne aurait à se repentir. Sauf par la puissance du Saint-Esprit.

Tout comme la confusion, l'oppression est due à la présence d'esprits impurs qui opèrent autour de la personne concernée. Elle est une arme utilisée par le royaume des ténèbres pour faire tomber les serviteurs de Jésus.

Mathieu 27 : 1-5 *Dès que le matin fut venu, tous les principaux sacrificateurs et les anciens du peuple tinrent conseil contre Jésus, pour le faire mourir.*

Après l'avoir lié, ils l'emmenèrent, et le livrèrent à Ponce Pilate, le gouverneur.

Alors Judas, qui L'avait livré, voyant qu'il était condamné, se repentit, et rapporta les trente pièces d'argent aux principaux sacrificateurs et aux anciens,

En disant : j'ai péché, en livrant le sang innocent. Ils répondirent : Que nous importe ? Cela te regarde.

Judas jeta les pièces d'argent dans le Temple, se retira, et alla se pendre. **Louis Segond**.

Juges 16 : 15-17 *Elle lui dit : Comment peux-tu dire : Je t'aime ! Puisque ton cœur n'est pas avec moi ? Voilà trois fois que tu t'es joué de moi, et tu ne m'as déclaré d'où vient ta grande force.*

Comme elle était chaque jour à le tourmenter et à l'importuner par ses instances, son âme s'impatienta à la mort,

Il lui ouvrit son cœur, et lui dit : Le rasoir n'a point passé sur ma tête, parce que je suis consacré à Dieu dès le ventre de ma mère. Si j'étais rasé, ma force m'abandonnerait, je deviendrais faible, et je serais comme tout autre homme. **Louis Segond**.

SEQUESTRATION SPIRITUELLE

Là nous sommes dans la totale, du royaume des ténèbres. La séquestration spirituelle consiste, pour le royaume des ténèbres à faire d'une personne une esclave à vie. A emprisonner, son cerveau, voire son esprit dans des liens qui à moins que, le bras du Seigneur Jésus ne soit étendu, ne pourrait jamais sortir, de cette prison.

Car, la personne aura été sacrifiée, à une organisation démoniaque. Et constituerait de ce fait, la stabilité de cet édifice. Sans oublier, le fait qu'elle agirait en leur faveur selon le principe de

II Corinthiens 8 : 9 *Car vous connaissez la grâce de notre Seigneur Jésus-Christ, qui pour vous S'est fait pauvre, de riche qu'IL était, afin que par Sa pauvreté vous fussiez enrichis.* **Louis Segond**.

Elle séquestre la volonté même de l'individu. Qui, ne peut plus rien faire sur la Terre. En réalité, il est censé mourir, cela dépendra de la puissance de chauffage de la fournaise.

Et vraiment de toutes, les attaques du royaume des ténèbres, elle est la plus terrible.

Comment vous l'illustrer ? Avez-vous déjà vu une bobine de fil ? Je crois que oui, pour la plupart. Imaginez-vous une tête recouverte, d'une bobine de fil qui peut s'étendre sur cinq kilomètres. Qui enveloppe la tête de sa victime, sans oublier qu'elle serait bétonnée avec en prime, la présence dans cette tête bétonnée d'une légion de démon. En un mot, c'est cruelle !

Le pire encore, c'est que votre esprit humain se trouverait, dans le fief de Satan ou de ses démons. Poser sur un autel, donc sous leur regard, sous leur contrôle.

Ce que je dis, n'est pas en contradiction avec les Ecritures. Notamment,

I Pierre 2 : 9 *Vous au contraire, vous êtes une race élue, un sacerdoce royal, une nation sainte, un peuple acquis, afin que vous annonciez les vertus de Celui qui vous a appelés des ténèbres à Son admirable Lumière.* **Louis Segond**.

I Colossiens 1 : 12-13 *Rendez grâces au Père, qui vous a rendus capables d'avoir part à l'héritage des saints dans la Lumière.*

Qui nous a délivrés de la puissance des ténèbres et nous a transportés dans le Royaume du Fils de Son amour. **Louis Segond**.

D'avoir part à l'héritage des saints → D'avoir part à la vie éternelle

Transportés dans le Royaume du Fils → Désormais, nous appartenons au Royaume des Cieux.

Toutefois, il nous reste à enfanter, la grâce de Dieu. A, achever la partie qui nous revient, en nous appuyant sur, la collaboration avec le Saint-Esprit et de recevoir Sa direction:

Colossiens 1 : 24 *C'est là ce qui fait ma joie, même si je dois souffrir pour vous. Je me réjouis de pouvoir ainsi, dans mes souffrances terrestres- qui sont aussi celles de Christ- accomplir ce qui reste à faire pour le douloureux enfantement de l'Eglise qui est son Corps.* **Parole Vivante**.

Psaumes 84 : 6-7 *Heureux ceux qui placent en Toi leur appui ! Ils trouvent dans leur cœur des chemins tout tracés.*

Lorsqu'ils traversent la vallée, de Baca, ils la transforment en un lieu plein de sources, et la pluie la couvre aussi de bénédictions. **Scofield**.

Ils → Ces hommes ou femmes.

La pluie → Le Saint-Esprit.

SOMMEIL DEMONIAQUE

Bon pour le nom, j'ai pas trouvé mieux ! Le plus important est de comprendre ce que c'est ; ce que je veux dire par-là !

Le sommeil démoniaque comme, je l'appelle est le fait d'avoir toujours des excès de fatigues inexpliqués. Vous avez beau dormir et vous reposer, arrive toujours qu'à un certain moment de la journée ou du jour vous avez toujours sommeil.

Ce sommeil, vous trouve toujours, lorsque vous voulez faire appel, à votre intelligence. Lorsque vous devez réfléchir sur, un sujet bien précis. Lorsque vous solliciter, l'intervention de vos neurones. Tant que vous êtes, dans la distraction, cela ne vous cause aucun problème. Aucune envie de dormir.

Mais, arrive que vous voulez lire votre Bible, que le sommeil vous enveloppe. Arrive que vous vouliez prier, que le sommeil vous enveloppe si facilement sans aucune résistance de votre part. Vous pouvez être amené, à vous endormir sur votre copie de devoir pour les élèves et étudiants. Et même, pour certains travailleurs, qui dorment toujours à leur poste de travail, sans aucune explication logique. Si ce n'est que, c'est au moment où, ils tentaient d'utiliser leurs neurones, leur matière grise que le sommeil à trouver et juger bon de les saisir.

Cette état de fatigue, est due au fait qu'il y a une personne qui utilise votre intelligence. Et qui, vous a séquestré pour cela. Mais, elle a séquestré vos deux esprits ensembles, sur l'enveloppe qu'est votre corps charnel. En d'autres termes, elle s'est assurée que vos prières, ne viendraient pas la délogé. Et, elle puise dans votre intelligence, pour briller dans le domaine intellectuel, sur le plan social. Et cela, à votre détriment. Car, pour vous, il n'y a que railleries et stupidité qui font partie de votre quotidien.

Et, oui, ne vous étonnez pas, un autre nom de Satan est le Voleur.

Jean 10 : 10 (a) *Le voleur ne vient que pour dérober, égorger et détruire.* **Louis Segond**.

Cela est une autre forme de séquestration spirituelle. Seulement, là vous servez uniquement les intérêts d'un individu. Contrairement, à la toute première, où vous servez aux intérêts d'une organisation démoniaque. Mais, ne vous inquiétez pas, je vous donnerai les clés pour en sortir.

ABSENCE DE PROJECTION DANS LE FUTUR

Ce que j'entends, par absence de projection dans le futur, c'est le fait que vous ne vous voyez jamais faisant quelque chose de bien dans votre futur. Vous ne vous voyez jamais dans votre futur. Vous ne concevez jamais votre futur dans la pensée ; dans votre pensée. Et que, vous êtes blazer de tous.

Vous ne vous voyez pas travailler, vous ne vous voyez pas vous marier, vous ne vous voyez pas élever vos enfants. Vous n'avez aucune projection future. Même votre marche, avec Jésus, vous la vivez sans perspective. Quand bien même, le Saint-Esprit vous aurait révélé, le projet de paix et non de malheur que le Père vous réserve. Néanmoins, cela ne crée en vous aucun élan de joie, ou d'engouement, d'enthousiasme.

Pourquoi ?

Car, vous êtes déjà inscrit dans les registres de l'Enfer. Vous avez déjà été sacrifié. Et comme, les morts n'ont aucun héritage parmi les vivants, vous avez donc été dépouillé de ce qui vous revenait par grâce.

Jean 19 : 23-24 *Les soldats, après avoir crucifié Jésus, prirent Ses vêtements, et ils en firent quatre parts, une part pour chaque soldat. Ils prirent aussi Sa tunique, qui était sans couture, d'un seul tissu depuis le haut jusqu'en bas. Et ils dirent entre eux :*

Ne la déchirons pas, mais tirons au sort à qui elle sera. Cela arriva afin que s'accomplit cette parole de l'Ecriture : ils se sont partagés mes vêtements, Et ils ont tiré au sort ma tunique. Voilà ce que firent les soldats. **Louis Segond**.

La grâce dans tout cela, est que le royaume des ténèbres ne possède plus les clés du séjour des morts et de la mort. Et qu'elles sont en la possession de Jésus.

Apocalypse 1 : 18 *Je suis le Premier et le Dernier, et le vivant. J'étais mort ; et voici, Je suis vivant aux siècles des siècles. Je tiens les clés de la mort et du séjour des morts.* **Scofield**.

La personne qui y est confrontée, sera toujours dans des dangers de mort (Accidents de voiture, Visitation nocturne de démons, tentative d'élimination durant le sommeil). En tout cas, dans ce climat, ou atmosphère.

Cela soulève, quand même certaines interrogations et, je vous comprends. Mais, nous comprendrons au fur et à mesure que nous avancerons.

MARIAGE MYSTIQUE

Le mariage mystique est la célébration de l'union entre un homme et une femme. Ou entre un homme et un homme. Ou entre une femme et femme. Ou entre un homme et un démon. Ou entre une femme et un démon. Tout cela, dans le monde invisible. Puisque, j'enseigne l'Eglise, on dira que cela s'est fait sans le consentement du concerné. De celui ou celle qui n'a pas connaissance de ce monde.

C'est une manière qu'utilise le royaume des ténèbres, pour faire partager à la victime, l'appartenance à ce monde démoniaque.

I Corinthiens 6 : 16-17 *...Ne savez-vous pas que celui qui s'attache à la prostituée est un seul corps avec elle ? Car, est-il dit, les deux deviendront une seule chair.*

Mais celui qui s'attache au Seigneur est avec Lui un seul esprit. **Louis Segond**.

La ruse dans cette affaire, est que, celui qui utilise la malice, connait la position de celui, ou celle à qui, il tend le piège. Il sait qu'il ne sera jamais partant dans ce jeu. C'est là, le côté mesquin de la chose.

Bonne Nouvelle,

Mathieu 19 : 4-6 *IL leur répondit : - N'avez-vous pas lu dans la Bible qu'à l'origine le Créateur a créé l'être humain, homme et femme*

Et qu'IL a dit : A cause de cela, l'homme quittera père et mère pour se lier à sa femme, et les deux ne feront plus qu'un

Si bien qu'ils ne seront plus d'eux, mais un seul être. Que l'homme ne dissocie donc pas une unité que Dieu Lui-même a créée. **Parole Vivante**.

Mais pour cette unité Dieu Lui-même, ne l'a pas créée : Elle pourra donc être dissociée.

PACTE ET ALLIANCE MYSTIQUE

PACTE

Un pacte est une entente, un accord qui repose sur le sacrifice ou la vente de l'âme (sang), d'une partie du corps ou organes. En échange, de biens matériels, de l'influence sociale ou de la puissance financière, ou encore de l'obtention de certaines capacités mystiques.

Puisque chaque pacte, repose sur des sacrifices, les enfants de Satan ou ses adeptes, devront trouver un sacrifice d'une grande valeur. Pour être sûr, à leur tour d'obtenir de sa part, une promotion proportionnelle à la valeur du sacrifice. Et, pour cela, ils ne lui offriront pas un fou ou une folle. De peur que, leur père le Satan ne les tue à la place de leur sacrifice. Ils chercheront une lumière.

Et donc, ils regarderont dans leur famille, leur lieu de travail, dans la rue, certaines fois et malheureusement dans l'Eglise.

Psaumes 53 : 5 *Ceux qui commettent l'iniquité ont-ils perdu le sens ? Ils dévorent Mon peuple, ils le prennent pour nourriture ; ils n'invoquent pas Dieu.* **Scofield**.

I Pierre 5 : 8 … *Votre adversaire, le diable, rôde comme un lion rugissant, cherchant qui il dévorera.* **Scofield**.

Le pacte a ceci de particulier, c'est que lorsque nous sommes la victime, on est soumis à des angoisses, des peurs. Et souvent, on a du mal à être tout seul dans une pièce. On préfèrerait la présence d'un frère ou d'une sœur dont on juge, que le Saint-Esprit est avec elle. Et qui a, la faveur de Jésus.

Certaines fois, sinon, la plupart du temps les victimes ne savent même pas qu'elles sont déjà vendues. Et, elles attribueront, les situations les plus complexes qu'elles vivent à une simple malchance qui ne les touches que, elles.

L'ALLIANCE MYSTIQUE OU PACTE INCONSCIENT

Est une ruse qu'a utilisée, l'ennemi pour vous faire adhérer à un groupe occulte. Sans votre accord, sans que vous ne le sachiez. Simplement, au travers d'un présent qui aura été au préalable présenté au démon qui régis la secte, et dont, il utilisera des imprécations pour celer le pacte ou l'alliance.

Le fait que vous acceptiez le présent, fait de vous un membre à part entière de cette secte. Ou encore si vous vous portiez garant pour aider, une personne qui avait déjà eu à préparer ce coup, contre vous. Sans que vous n'en sachiez, quoi que ce soit, vous êtes automatiquement fiché comme, l'un des leurs.

J'y ai été victime, et ce n'est pas des plus agréable, ça ! Vous êtes intégrés dans une organisation dont, vous ne connaissez pas, en tant que membre et victime à la fois ; car, ils vous exploitent selon leur fantaisie.

Le côté mesquin ! C'est que vous avez toujours la visitation des démons. Jusqu'à ce que vous compreniez ce qui vous arrive, pour pouvoir en sortir par la puissance du Saint-Esprit. Et ces démon ne viennent pas vous saluer. Mais, prendre votre âme. J'ai vraiment souffert le martyr avec ces hommes-là !

Proverbes 1 : 10-16 *Mon fils, si des pécheurs veulent te séduire, Ne te laisse pas gagner.*

S'ils disent : Viens avec nous ! Dressons des embûches, versons du sang. Tendons des pièges à celui qui se repose en vain sur son innocence,

Engloutissons-les tout vifs, comme le séjour des morts, et tout entier, comme ceux qui descendent dans la fosse ;

Nous trouverons toute sorte de bien précieux, nous remplirons de butin nos maisons ;

Tu auras ta part avec nous, il n'y aura qu'une bourse pour nous tous !

Mon fils ne te mets pas en chemin avec eux, Détourne ton pied de leur sentier ;

Car, leurs pieds courent au mal, et ils ont hâte de répandre le sang. **Louis Segond**.

Vous savez dans cette fournaise ardente, on peut voir l'ingéniosité de Satan et de ses adeptes. Ils font de vous un membre à part entière. Mais, comme votre cœur est entier à Jésus. Alors, ils font penché le deuxième côté de la balance : celui de la victime.

Comment, ils y arrivent ?

Etant donné que vous êtes membres inconscient, de leur secte, vous participez avec eux à ce que l'on appelle des tontines mystiques. Dis comme cela, on aura l'impression que vous aussi, vous mangerez des hommes en vampires. Non, ce n'est pas cela ! Mais, vous êtes positionnés comme étant la personne à qui revient, le devoir de sacrifier une personne. Même, si un calendrier avait été préalablement établi.

Etant donné, que vous n'avez aucune connaissance consciente, de cette supercherie, votre âme est alors réclamer par le séjour des morts. Puisque vous ne participez en rien, à la tontine mystique. Et n'avez sacrifié aucune personne. Dans mon pays le Gabon, on parle des esprits de réclamations.

Ce qui arrive, c'est que vous observez beaucoup de destruction, de vos business, des problèmes de couples, des problèmes à tous les niveaux. Plus rien ne fonctionne chez vous. Vous ne savez pas d'où vient le problème. Vous avez beau revoir, votre pensée, mais aucun souvenir n'émerge. Vous sentez la mort plus proche de vous. Et avez même certaines fois l'impression que si vous mourrez vous irez en Enfer.

Dans ce genre de cas, vous pouvez compter sur Lucifer, ou ses démons pour ne pas vous lâcher.

Et vous résister avec une coriacité, dont vous vous étonnerez !

Jude 1 : 9 *Or, l'archange Michel, lorsqu'il contestait avec le diable et lui disputait le corps de Moïse, n'osa pas porter contre lui un jugement injurieux, mais il dit : Que le Seigneur te réprime !* **Louis Segond**.

Zacharie 3 : 1-4 (a) *IL me fit voir Josué, le souverain sacrificateur, debout devant l'ange de l'Eternel, et Satan qui se tenait à sa droite pour l'accuser.*

L'Eternel dit à Satan ! Que l'Eternel te réprime, Satan ! Que l'Eternel te réprime, Lui qui a choisi Jérusalem ! N'est-ce pas là un tison arraché du feu ?

Or Josué était couvert de vêtements sales ! Et il se tenait devant l'ange.

L'ange prenant la parole, dit à ceux qui étaient devant Lui : Otez-lui les vêtements sales ! **Louis Segond**.

Ce diable-là, un vrai bandit !

URSUPATION D'IDENTITE

Et, je crois que beaucoup d'entre nous, en sommes victimes. Alors en quoi, consiste-t-elle ?

Elle consiste pour, un sorcier en l'occurrence, ceux qui sont dans des groupes exotériques de parrainer, des hommes ou des femmes dans leur mouvement mystique. Seulement, cela se fait à l'insu de la victime. Ils rédigeraient, les formulaires d'inscription de membre. Et mettront les noms de leurs connaissances. Lorsqu'ils ne sont pas parvenus, à trouver un sacrifice, pour honorer leur part de contrat.

Ils toucheraient, alors une forte somme d'argent, pour remettre à la personne qu'ils sont sensés parrainés. Seulement, la personne n'étant pas au courant, ils mangent cet argent dans le secret.

Cependant, le royaume des ténèbres considère, l'inscription du malheureux, et la valide. Avec son lot de problèmes et de maux.

Vous savez Dieu nous aime tous. Et c'est la vérité ! N'eut été Sa grâce, Sa main posée sur chacun de nous, nous serions morts autant que nous sommes. Je parle évidemment de tous ceux qui sont dans cette tourmente.

Genèse 3 : 1 (a) *Le serpent était le plus rusé de tous les animaux des champs, que l'Eternel Dieu avait fait.* **Scofield**.

LE VIEUX PROPHETE

Normalement, nous sommes censés trouver le réconfort, sinon la consolation du Saint-Esprit, dans l'Eglise. Mais, je ne vous apprends rien dans ce sens, il y a des ouvriers de Satan déguisés en berger.

Prêter vraiment attention, à cette partie !

Avoir à faire, à un vieux prophète est plus dangereux, qu'avoir à faire, à un maître maçon 33 ième degré, Ou à un maître vaudou. Et, pour cause, il sait plus que tous les autres les rouages. Pour vous rendre, la vie amère, sinon, si cela était possible, vous trainer avec lui en enfer.

I Rois 13 : 11,14-21 *Or il y avait un vieux prophète qui demeurait à Bethel, ses fils vinrent lui raconter toutes les choses que l'homme de Dieu avait faites à Bethel ce jour-là, et les paroles qu'il avait dites au roi. Lorsqu'ils en eurent fait le récit à leur père,*

Il alla après l'homme de Dieu, et il le trouva assis sous un térébinthe. Il lui dit : Es-tu l'homme de Dieu qui est venu de Juda ? Il répondit je le suis.

Alors il lui dit : Viens avec moi à la maison, et tu prendras quelque nourriture.

Mais il répondit : Je ne puis ni retourner avec toi, ni entrez chez toi. Je ne mangerai point de pain, je ne boirai point d'eau avec toi en ce lieu ;

Et lui dit : Moi aussi, je suis prophète comme toi ; et un ange m'a parlé de la part de l'Eternel, et m'a dit : Ramène-le avec toi dans ta maison, et qu'il mange du pain et boive de l'eau. Il lui mentait.

L'homme de Dieu retourna avec lui, et il mangea du pain et but de l'eau dans sa maison.

Comme ils étaient assis à table, la parole de l'Eternel fut adressée au prophète qui l'avait ramené.

Et il cria à l'homme de Dieu qui était venu de Juda : Ainsi parle l'Eternel : Parce que tu as été rebelle à l'ordre de l'Eternel, et que tu n'as pas observé le commandement que l'Eternel, ton Dieu, t'avait donné.

Parce que tu es retourné, et que tu as mangé du pain et bu de l'eau dans le lieu dont il t'avait dit : Tu n'y boiras point d'eau, - ton cadavre n'entrera pas dans le sépulcre de tes pères. **Scofield**.

L'une des attaques célèbres de ce groupe de personnes, est le piège au niveau de la parole. Ne vous laissez pas, bluffer par l'ennemi ! L'Eglise a besoin, d'un nettoyage véritable, devant l'activité de ces bandits !

Matthieu 22 : 15 *Alors les pharisiens allèrent se consulter sur les moyens de surprendre Jésus par Ses propres paroles.* **Scofield**.

Lorsque vous êtes rentrés en alliance inconsciente, avec ce groupe de personne. Toutes paroles que vous prononcez, sera considérée comme des accords avec le royaume des ténèbres. Je vais vous expliquer l'œuvre de ces bandits !

Si vous dîtes oui, dans une conversation banale le pacte est alors considéré comme effectif. Sans pour autant que vous sachiez que vous avez donné votre accord. Si vous dîtes non, considérez que vous avez renié la foi ! C'est-à-dire, qu'ils vous ont fait abandonner Jésus. Car, même lorsque vous cherchez à répondre à une personne qui vous interroge dans la vie réelle, les réponses que vous lui donnez sont utilisées pour vous introduire dans ce à quoi, ils veulent vous introduire.

Si vous dîtes Seigneur, c'est au diable que vous vous adresser. Si vous dîtes Eternel, c'est au diable que vous adressez ces paroles. Si vous prier en disant, je brise, se sont vos affaires qui seront brisées. Si vous louez et que vous n'avez pas mentionné le Nom de Jésus, c'est au diable que vous adressez ces prières. Et, la plupart d'entre eux, sont à la tête des Assemblées. Séduisant, le peuple de Dieu ; ces hommes et femmes qui ont soif de Jésus.

Si vous vous prosternez à ces endroits croyant vous prosterner devant Jésus, c'est devant le démon qui les régit que vous l'avez fait. Et, cela est considéré comme un acte volontaire.

Sachez où, vous mettez vos pieds car, tout le monde n'est pas serviteur de Jésus. Sous prétexte, que c'est une assemblée.

Vous comprenez pourquoi, je vous ai parlé du Saint-Esprit. Il y a beaucoup de problème que nous trainons du fait d'une mauvaise rencontre.

Et, là je vais percer l'abcès ! Ce que je vais déclarer est à prendre très au sérieux !

Lorsque l'un de ces hommes qui étaient auparavant, serviteur de Jésus, venait à renier la foi, en se rapprochant de Satan consciemment. Il s'avère que la première chose que le diable, leur demandera de faire sera de blasphémé contre le Saint-Esprit ; contre l'Esprit de Jésus.

Comment, se passe ce blasphème ?

Ils appelleront le Serpent ancien Saint-Esprit. Et, dans leur réunion, lorsqu'ils prononcent le Saint-Esprit, en réalité ils font allusion au Serpent ancien.

II Pierre 2 : 1-2 *Il y a parmi le peuple de faux prophètes, et il y aura de même parmi vous de faux docteurs, qui introduiront sournoisement des sectes pernicieuses, et qui, reniant le Maître qui les a rachetés, attireront sur eux une ruine soudaine.*

Plusieurs les suivront dans leurs dérèglements, et la voie de la Vérité sera calomniée à cause d'eux. **Scofield**.

II Timothée 3 : 5 … *Ayant l'apparence de la piété, mais reniant ce qui en fait la force. Eloigne-toi de ces hommes-là.*

Il en est parmi eux qui s'introduisent dans les maisons, et qui captivent de faibles femmes chargées de péchés, agitées par des passions de toute espèce. **Scofield**.

C'est une douche froide, que certains d'entre vous recevez ! Mais, je vous donnerai, les clefs scripturaires pour les démasquer et sortir du milieu d'eux.

LES CLEFS

La première clés, dans chacune de leurs interventions, ils éviteront de prononcer le Nom de Jésus. Et, même dans l'exercice du ministère, ils contourneront cela par Saint-Esprit, Eternel et j'en passe. Soyez calme, je vous donnerai toutes les clefs pour les repérer. Et, chasser cette confusion, qui semble vouloir s'installer dans vos cœurs.

Mathieu 12 : 25-26 *Mais Jésus, pénétrant leurs pensées, leur dit : - Un pays déchiré par la guerre civile court à sa ruine. Aucune ville, aucune famille intérieurement divisée ne saurait se maintenir.*

Si donc Satan se met à chasser Satan, il se bat contre lui-même ; comment alors son royaume intérieurement divisé pourra-t-il se maintenir. **Parole Vivante**.

Deuxième clef, si par mégarde ils arrivaient à dire Jésus, ils ne diront jamais Seigneur Jésus.

I Corinthiens 12 : 3 *(Mais à présent, devant les messages inspirés, vous vous demandez s'ils émanent tous de l'Esprit de Dieu). C'est pourquoi je voudrais vous donner un bon critère : si un homme disait : Maudit soit Jésus, il ne saurait, en aucun cas, parler sous l'inspiration de l'Esprit de Dieu. Si par contre, quelqu'un confesse : Jésus est le Seigneur, c'est l'Esprit-Saint qui l'y pousse.* **Parole Vivante**.

La troisième clef, est qu'ils ne respectent pas la présence de Jésus. Ils ne Lui accordent pas l'honneur qui Lui est dû.

Malachie 1 : 6 *Un fils honore son père, et un serviteur son maître. Si Je suis Père, où est l'honneur qui M'est dû ? Si Je suis Maître, où est la crainte qu'on a de moi ? Dit l'Eternel des Armées à vous sacrificateurs, qui méprisez Mon Nom, et qui dites : en quoi avons-nous méprisé Ton Nom ?* **Scofield**.

Chassons la Confusion !

On peut toujours invoquer le Saint-Esprit, on peut toujours appeler le Saint-Esprit à l'aide, cela ne veut pas dire que ce Nom, n'est plus admit. Seulement, je vous ai donné le moyen de reconnaitre, Le vrai Saint-Esprit, du faux qu'utilisent ces fils de la perdition.

Si vous êtes au milieu d'eux, sortez alors, de ces cimetières.

LE PECHE DE SEXE

Pour découvrir que vous êtes la cible de cette attaque, c'est assez simple. Lorsque vous remarquez que les désirs sexuels vous animent pour n'importe qu'elle personne, qui vous approcherait de sexe opposé. Sachez que l'ennemi, recherche votre chute.

Et, même si vous voulez vous mettre en couple. Que vous avez rencontré, votre partenaire pour le futur, par la grâce de Jésus, sachez que si ces désirs vous animent, c'est qu'il y a une personne qui recherche votre chute. Car, le péché du sexe a pour but de contrôler, le sexe de la personne, de la frapper de stérilité. Ou encore de devenir son mari ou femme de nuit. Avec son cortège de problèmes.

Ces désirs qui vous remplissent, ne sont dus qu'à la présence d'un esprit de séduction autour de vous. C'est-à-dire, dus à la présence d'un démon, encore appelé en Afrique esprit des eaux.

Au-delà de cela, Ces désirs sexuels sont aussi dus, le plus souvent, au fait qu'il y ait des consécrations dans la vie de la concernée. Souvent, elle-même en est l'auteur ou encore, par le biais de ses parents. Alors, un dépôt démoniaque aura été enfoui, en elle. Ce qui a pour conséquence, de l'exciter à la proche d'un esprit de séduction. Et comme, la plupart d'entre nous avions été consacré à cela, à chaque rencontre la personne se sentira toujours attirer vers le sexe.

Le problème est que l'Eglise, ne prie pas toujours pour ses responsables. Mais, se sentira choquée par un scandale de ce genre. Priez pour vos leaders, la plupart ne sont pas passés en délivrance. Ou ils ne se sont pas dégagés de ces alliances.

Nombres 23 : 27-30 *Balak dit à Balaam : Viens donc, je te mènerai dans un autre lieu : peut-être Dieu trouvera-t-il bon que de là tu me maudisses ce peuple.*

Balak mena Balaam sur le sommet du Peor, en regard du désert.

Balaam dit à Balak : Bâtis-moi ici sept autels, et prépare-moi ici sept taureaux et sept béliers.

Balak fit ce que Balaam avait dit, et il offrit un taureau et un bélier sur chaque autel. **Scofield**.

Nombres 25 : 1 *Israël demeurait à Sittim ; et le peuple commença à se livrer à la débauche avec les filles de Moab.* **Scofield**.

Ephésiens 6 : 18 *Demeurez en communion avec l'Esprit par une prière persévérante, car l'efficacité de ces armes dépend d'une intercession qui ne se relâche point. Restez donc alertes et vigilants, attentifs aux occasions favorables, remplis de l'Esprit, plaidant avec une instance infatigable pour tout ce qu'il vous aura mis à cœur. Occupez vos veilles à crier à Dieu, à intercéder pour Ses serviteurs.* **Parole Vivante**.

CŒUR NOIR

Bon, là on a à faire, à une vieille technique, un vieux classique qu'utilise toujours le royaume des ténèbres. Le comble est que, les fils du Royaume des Cieux, ne remarque on va dire presque jamais la cause.

Cœur noir, comme je l'appelle, est le fait de voir son cœur devenir noir. Cette technique vise, la séparation des couples, les divorces en milieu chrétiens. Et, le comble dans ceci, est que dans le couple au lieu, de regarder à Jésus et de considérer que la situation est causée par l'ennemi, ils trouvent comme seul solution, le divorce.

Et pour atteindre cet objectif, un proche apparait comme étant, la porte ouverte. Sa présence à lui seul, favorise la présence de ces esprits méchants dans la maison. Et, comme nous le disions un peu plus haut, la nature de ces esprits mettront mal à l'aise le couple. Et noircira le cœur des deux partenaires.

C'est ainsi qu'un couple ayant vécu ensemble, du jour au lendemain se haïraient réciproquement, ou que l'un des partenaires puisse haïr l'autre. Au point de ne vouloir que d'une seule chose : le divorce.

Nahum 3 : 3-4 *Les cavaliers s'élancent, l'épée étincelle, la lance brille… Une multitude de blessés !… Une foule de cadavres !… Des morts innombrables !… On tombe sur les morts !...*

C'est à cause des nombreuses prostitutions de la prostituée, pleine d'attraits, habile enchanteresse, qui vendait les nations par ses prostitutions. Et les peuples par ses enchantements. **Scofield**.

Cette technique est également utilisée pour, sortir les brebis de l'Eglise. Pour les renvoyer dans le monde. Et, fermer leur cœur à l'Evangile. Lorsqu'elles sont contrôlées par un groupe d'individus qui pressente leur libération spirituelle, du fait de leur fréquentation dans l'Eglise.

Galates 3 : 1 *Ah ! Mes pauvres amis Galates ! Que vous êtes donc insensés ! Qui vous a fascinés ainsi ? On dirait que vous avez été ensorcelés ! Ne vous ai-je pas dépeint Jésus-Christ, le crucifié, comme s'il avait été cloué à la Croix sous vos yeux ? Où est restée votre compréhension de Sa mort ?* **Parole Vivante**.

Actes 16 : 16,19b(a) *Comme nous allions au lieu de prière, une servante qui avait un esprit de python, et qui, en devinant procurait un grand profit à ses maîtres, vint au-devant de nous.*

Les maîtres de la servante, voyant disparaître l'espoir de leur gain, se saisirent… **Scofield**.

Autre chose, cette technique de l'Enfer vise également à noircir les cœurs de vos prochains vis-à-vis de vous. Je m'explique.

Lorsque vous êtes victime de cette technique démoniaque, vous pouvez être à la recherche d'un emploi, mais vous ne le trouverez pas. Pourquoi ?

Parce que, ces démons vous suivent partout, où vous allez. Et leur seul présence, suffit à noircir le cœur de l'employeur. Et, il y a autour de vous une telle malchance que vous n'en revenez pas.

Pourtant,

Matthieu 5 : 45 … *IL (Dieu) fait lever Son soleil sur les méchants et sur les bons, et IL fait pleuvoir sur les justes et sur les injustes.* **Scofield**.

LE PACTE DE SANG

Le pacte de sang, est vraiment très dangereux de par les conséquences, qu'il cause. La personne qui s'y est prêtée, se voit être soumise à la volonté de n'importe quel esprit, qui passerait même près d'elle.

Car, si tôt ce pacte fait, que les esprits des individus sont séquestrés par le royaume des ténèbres. Pour parer, à toute éventualité où la personne déciderait de se rapprocher de l'Eglise. Pour être sûr, qu'une telle volonté conduirait à l'échec celui qui, chercherait à s'en sortir. Car, ils pourront disposer de son esprit à leur guise. La dépiécé, la torturé une sorte d'enfer avant le feu de la géhenne.

Proverbes : 25 *Tel une ville forcée sans muraille. Ainsi en est-il de tout homme livré à lui-même.* **Louis Segond**.

Normalement, un tel pacte tout comme les autres peut être détruit, mais la rapidité dépendra de la quantité de sang entre les mains de la deuxième partie. Si, elle est par exemple, en possession d'un demi-litre, elle pourrait utiliser ce sang pour vous faire rentrer dans tout type de chose. Et à chaque fois que détruirez cela, rebâtir ce qui a été détruit. Comme une suite sans fin. Mais, nous verrons comment mettre fin à cela plus-tard.

LE JUGEMENT DIVIN

Tant de choses patinent autour de nous, dans nos vies du fait que nous ne comprenons pas cette notion de Jugement divin. Et, là je ne vais pas vous cacher, se sera un peu solide pour certains d'entre nous.
Mais par la grâce de Dieu, je ferai tout pour que ma pensée soit assez claire, ou explicite.

Hébreux 5 : 11-14 *C'est un sujet sur lequel nous aurions bien des choses à dire ; mais il n'est pas facile de vous les expliquez : vous êtes devenu si lents à saisir les vérités spirituelles et vous ne mettez plus guère d'entrain à les comprendre.*

Dire que vous vous êtes convertis depuis tant d'années ! Il y a longtemps que vous devriez être entrain d'enseigner d'autres et pourtant vous en êtes encore à l'ABC de la révélation, vous avez-vous-même besoin de quelqu'un qui vous réapprenne les premiers rudiments des paroles de Dieu. Vous ne supportez que le lait, non la nourriture solide.

Mais celui qui continue à vivre de lait montre par-là qu'il est encore enfant ; il n'est pas apte à saisir un enseignement relatif aux justes exigences de Dieu ; il n'a aucune expérience de ce qu'est une vie juste ; c'est encore un bébé.

Les adultes, par contre, ceux qui ont atteint une certaine maturité spirituelle, prennent de la nourriture solide. Ils ont exercé leurs facultés et ont ainsi acquis, par l'expérience, un sens moral affiné qui leur permet de distinguer ce qui est bien de ce qui est mal. **Parole Vivante**.

Hébreux 6 : 1-3 *C'est pourquoi nous ne voulons pas nous attarder davantage aux notions élémentaires du message chrétien. Dépassons ce stade et tournons-nous vers un enseignement correspondant au stade adulte et qui favorisera votre croissance spirituelle. Ne recommençons pas sans cesse à poser les fondements c-à-d : l'abandon des œuvres inutiles (de notre vie antérieure vouée à la mort) et la foi en Dieu.*

L'enseignement sur les différents baptêmes, l'imposition des mains, la résurrection des morts et le jugement éternel.

Laissons donc ces notions fondamentales à leur place et abordons ensemble, avec l'aide de Dieu, des vérités plus profondes correspondant au stade adulte. **Parole Vivante**.

Peut-on vivre sans émettre le moindre jugement ? Que veut dire juger ? Faut-il juger un ennemi ? Telles sont les interrogations auxquelles nous apporterons des réponses.

Peut-on vivre sur la Terre, sans émettre le moindre jugement ?

Il est impossible à quiconque, de vivre sur la Terre, sans émettre le moindre jugement. Car, l'analyse de la vie et son appréciation, est relative à la vue de la personne qui la perçoit.

Car, chacun choisira une action à exécuter, selon le penchant de son cœur. Et, donc aura émis un jugement soit objectif ou subjectif. Ah tiens ! Nous retiendrons ces deux petits mots pour la suite, objectif, et subjectif.

Matthieu 8 : 13 (a) *Puis Jésus dit au centenier : Va, qu'il te soit fait selon ta foi.* **Scofield**.

Selon ta foi ⟶ Selon le jugement que tu te serais fait de la situation.

Alors que signifie juger ?

Juger signifie émettre une position, devant la situation. Donner son point de vue, ou, un verdict, de ce que devra être l'action à poser, juste après avoir été informé de la situation, du problème.

Jean 18 : 29-*31*\ *Pilate sortit donc pour aller vers eux, et il dit : Quelle accusation portez-vous contre cet homme ?*

Ils lui répondirent : Si ce n'était pas un Malfaiteur, nous ne Te l'aurions pas livré.

Sur quoi Pilate leur dit : Prenez-Le vous-même, et jugez-Le selon votre Loi. Les juifs lui dirent : il ne nous est pas permis de mettre quelqu'un à mort. **Scofield**.

Mais, il semblerait que tu sois un opposant à la pensée du Seigneur Jésus !

Car,

Mathieu 7 : 1-2 *Ne jugez point, afin que vous ne soyez point jugés.*

Car on vous jugera du jugement dont vous jugez, et l'on vous mesurera avec la mesure dont vous mesurez. **Scofield**.

Je ne le pense pas, mais, il faut tout simplement la compréhension de ce passage ; de la pensée du Seigneur Jésus, pour voir que cela n'est pas en contradiction.

Mais,

Mathieu 5 : 21-22 *Vous avez entendu qu'il a été dit aux anciens : tu ne tueras point ; celui qui tuera est passible de jugement.*

Mais Moi, Je vous dis que quiconque se met en colère contre son frère est passible de jugement ; que celui qui dira à son frère : Raca ! Mérite d'être puni par le sanhédrin ; et que celui qui dira : insensé ! Mérite d'être puni par le feu de la géhenne. **Scofield**.

Ah ! Que vas-tu dire encore, cela n'est pas assez clair-là ?

Jean 8 : 15-16 *Vous jugez selon des critères purement humains, d'après les apparences extérieures, Moi, Je ne juge personne.*

Et même si Je juge quelqu'un, Mon jugement correspond à la vérité, car Je ne suis pas seul pour juger : à Mes côtés se tient toujours le Père qui M'a envoyé. **Parole Vivante**.

Jean 7 : 24 *Cessez donc de juger si légèrement d'après des apparences, apprenez à porter des jugements honnêtes et conformes à la réalité.* **Parole Vivante**.

Jean 5 : 22 *De plus, ce n'est pas le Père qui prononce le jugement final sur les hommes, IL a remis toute autorité judiciaire entre les mains du Fils.* **Parole Vivante**.

Jean 5 : 30 *En tout ceci, bien entendu, Je ne peux rien faire de Mon propre Chef ; Je juge seulement comme le Père Me le demande et selon les informations que Je reçois. Et Mon verdict est juste, car il ne s'agit* *pas pour Moi de réaliser Mes propres désires, mais de faire la volonté de Celui qui M'a envoyé.* **Parole Vivante**.

I Corinthiens 2 : 14-16 *L'homme qui n'a que ses facultés naturelles n'est pas en mesure de percevoir ce qui vient de l'Esprit de Dieu : il n'accepte pas ses dons et n'admet pas les vérités spirituelles ; elles sont, à ses yeux, pure folie et il est incapable de les comprendre. Pourquoi ? Parce que seul l'Esprit de Dieu permet de les discerner ; et c'est à la lumière de cet Esprit qu'elles demandent à être jugées.*

Celui qui possède cet Esprit, par contre, est capable de tout comprendre et approfondir ; il sait apprécier les faits et les idées à leur juste valeur et peut se former un jugement équitable sur tout, tandis qu'il reste lui-même indépendant du jugement d'autrui.

Qui donc connaîtrait la pensée du Seigneur pour prétendre pouvoir l'instruire ? Mais nous qui avons reçu l'Esprit du Seigneur, nous possédons la pensée même du Christ. **Parole Vivante**.

Faut-il juger un ennemi ?

A la question, j'utiliserai à nouveau ces deux petits mots dont, je vous ai demandé de garder en mémoire : subjectif et objectif.

Tout jugement, subjectif est tiré de l'état émotionnel de la personne. Sur la haine, ou la colère qui la remplit. Sur le manque de pardon.

Matthieu 6 : 14-15 *Si vous pardonnez aux hommes leurs offenses, votre Père céleste vous pardonnera aussi ;*

Mais si vous ne pardonnez pas aux hommes, votre Père ne vous pardonnera pas non plus vos offenses. **Scofield**.

Tandis que, un jugement objectif lui repose sur la direction du Saint-Esprit. Et, ne s'appuie en aucun cas, sur autre chose. C'est le Saint-Esprit qui vous conduit à émettre un jugement sur une situation.

Actes 13 : 6-11 *Ayant ensuite traversé toute l'île jusqu'à Paphos, ils trouvèrent un certain magicien, faux prophète juif, nommé Bar-Jésus,*

Qui était avec le proconsul Sergius Paulus, homme intelligent. Ce dernier fit appeler Barnabas et Saul, et manifesta le désir d'entendre la Parole de Dieu.

Mais Elymas, le magicien, - car c'est ce que signifie son nom,- leur faisait opposition, cherchant à détourner de la foi le proconsul.

Alors Saul, appelé aussi Paul, rempli du Saint-Esprit, fixa les regards sur lui, et dit :

Homme plein de toute espèce de ruse et de fraude, fils du diable, ennemi de toute justice, ne cesseras-tu point de pervertir les voies droites du Seigneur ?

Maintenant voici, la main du Seigneur est sur toi, tu seras aveugle, et pour un temps tu ne verras pas le soleil. Aussitôt l'obscurité et les ténèbres tombèrent sur lui, et il cherchait, en tâtonnant, des personnes pour le guider. **Scofield**.

Actes 5 : 1-2, 8-11 *Un certains Ananias, par contre, qui, avec sa femme Saphira, avait aussi vendu une propriété,*

Convint avec elle de mettre de côté une partie du prix de la vente et d'apporter le reste aux apôtres pour qu'ils en disposent.

Pierre lui demanda : - Dis moi, est-ce bien à ce prix-là que vous avez vendu votre champ ? – Oui, répondit-elle, c'est exactement le prix.

Pierre reprit : - Comment avez-vous pu vous concerter pour provoquer ainsi l'Esprit du Seigneur ? Ecoute : ceux qui viennent d'enterrer ton mari sont devant la porte, ils vont t'emporter, toi aussi.

Au même instant, elle tomba inanimée aux pieds de Pierre. Les jeunes gens qui rentraient la trouvèrent morte : ils l'emportèrent et l'enterrèrent aux côtés de son mari.

Cet événement inspirera une sainte frayeur à toute l'Eglise, ainsi qu'à tous ceux qui en entendaient parler. **Parole Vivante**.

J'aime bien ce passage, surtout la fin, le verset 11, cet événement inspira une sainte frayeur. La crainte de l'Eternel ; de Jésus-Christ dans les cœurs des hommes.

Il y a trop de laxisme dans l'Eglise dans cette notion de jugement divin. Les sorciers le savent for bien. Voilà, pourquoi, ils n'ont pas peur d'égorger, de voler et de détruire spirituellement la vie des frères et sœurs. Il était important que le jugement, soit bien comprit et de savoir qu'il est le propre des fils de Dieu. Qui jugent selon les informations qu'ils reçoivent du Père, du Saint-Esprit ou de Jésus.

Dans cette question de jugement divin, il n'est pas question d'aller égorger, se battre physiquement avec notre prochain. Mais, c'est d'émettre, un verdict et de le rendre public à la Création en le proclamant. En donnant, à leur tour aux anges, la possibilité d'agir selon la parole libérée.

Bien, je peux maintenant passer, à un autre point.

TROIS FORMES D'OPPOSITIONS

Dans la vie, on rencontre normalement trois types d'opposition. Chacune de ces oppositions se fait avec une intensité qui lui est propre.

Ces trois formes d'oppositions peuvent se classer ainsi :

- Opposant
- Adversaire
- Ennemi.

Personnellement, je les classe ainsi, et je me retrouve mieux, lorsque je dois gérer mes rapports avec mon prochain.

Nous allons les étudier toutes, pour mieux nous en sortir dans notre quotidien.

OPPOSANT

Un opposant, n'est pas nécessairement contre vous. Mais, seulement, il ne partage pas votre position, ou votre point de vue de la situation ou du sujet. Et, il cherche à faire valoir ses idées ou pensées.

Mais sur les autres sujets, il peut être en accord avec vous. Car, son objectif vise à ce que tout le groupe progresse. Et, non pas à stagner faute d'une solution applicable. Et ayant des résultats à l'appui.

Proverbes 15 : 22 *Les projets échouent, faute d'une assemblée qui délibère. Mais ils réussissent quand il y a de nombreux conseillers.* **Scofield**.

Proverbes 20 : 18 (a) *Les projets s'affermissent par le conseil.* **Scofield**.

ADVERSAIRE

Les adversaires sont des personnes, qui sont utilisées par Satan et ses démons pour vous effacer de la première place.

Ils agissent par tous les moyens, recommandés ou pas, pour ternir votre image, votre réputation.

Et ce n'est seulement que dans le cas, où ils y seraient parvenus qu'ils pourront s'arrêter. L'objectif étant pour eux de recevoir les éloges, les salutations distinguées et d'écarter toute concurrence, ou toute personne leur faisant ombrage. Et pour cela, ils ont fait tôt, de vous rendre odieux ou détestable aux yeux de tous.

Daniel 6 : 4-5 *Alors les chefs et les satrapes cherchèrent une occasion d'accuser Daniel en ce qui concernait les affaires du royaume. Mais ils ne purent trouver aucune occasion, ni aucune chose à reprendre, parce qu'il était fidèle, et qu'on apercevait chez lui ni faute, ni rien de mauvais.*

Et ces hommes dirent : Nous ne trouverons aucune occasion contre ce Daniel, à moins que nous n'en trouvions une dans la Loi de Son Dieu. **Scofield**.

Philippiens 1 : 17-18 *Quant aux premiers, ils ne songent qu'à leurs intérêts personnels, ils annoncent le Christ dans un esprit de rivalité et de parti. En tout cas, leurs intentions ne sont pas pures. Peut-être s'imaginent-ils que la nouvelle de leur succès rendra plus pénible le poids de mes chaînes ? Ils pensent me causer quelque surcroît d'affliction dans mes liens et attrister encore davantage ma captivité par des ennuis supplémentaires.*

Qu'importe, après tout ! Que ce soit avec un zèle hypocrite et des arrière-pensées ou bien en toute honnêteté, d'une manière ou d'une autre, le Christ est annoncé, et cela me comble de joie. Oui je veux continuer à m'en réjouir sans laisser se troubler ma joie. **Parole Vivante**.

Romains 1 : 29-32 *Dans leur vie s'accumulent toutes sortes d'injustice et de perversités. L'amour de l'argent les possède. Ils sont saturés de méchanceté et d'envie. Des pensées d'homicides, un esprit de discorde et de querelle les animent. Rusés, fourbes, intriguant, perfides.*

Ils sont toujours prêts à se dénigrer et à se calomnier les uns les autres – En secret ou au grand jour. Dans leur cœur, ils haïssent Dieu et blasphème Son Nom ; violents et arrogant ils prennent tout de haut ; ils sont fanfaron et pleins d'eux-mêmes. Leurs esprits fourmillent d'invention diabolique. Ils méprisent leurs parents et se moquent de leurs devoirs familiaux. Légers, superficiels et insensés, ils sont inaccessibles aux bons conseils.

Déloyaux et inconstant, ils n'ont pas de parole, pas d'affection naturelle, ils sont durs, impitoyables et dénués d'esprit de réconciliation.

Ils savent fort bien que, dans l'ordre établi par Dieu, ceux qui agissent ainsi méritent la mort. Malgré cela, non seulement ils persistent dans leur voie, mais ils se réjouissent en voyant d'autres marcher sur leurs traces et ils se font leurs complices en les approuvant. **Parole Vivante**.

Devant cette catégorie de personne, soyez calme et plein de retenue, pour agir avec maturité sous la conduite et la direction du Saint-Esprit. Vous devriez prier pour elles et les bénir. En le faisant, votre cœur ne sera pas affecté par une quelconque amertume ou rancune.

Et sachez-le, leur volonté est de vous sortir de vos gonds.

Ecclésiaste 10: 1 *Les mouches mortes infectent et font fermenter l'huile du parfumeur ; un peu de folie l'emporte sur la sagesse et sur la gloire.* **Scofield**.

Mais, le jour où le Saint-Esprit vous inspirera à leurs répondre, ils n'oseront plus ouvertement le faire. Mais en attendant ce jour, continuer à prier pour elles.

Matthieu 22 : 41-46 *Comme les parisiens étaient assemblés, Jésus les interrogea,*

En disant : Que pensez-vous du Christ ? De qui est-IL le Fils ? Ils Lui répondirent : de David.

Et Jésus leur dit : Comment donc David, animé par l'Esprit, L'appelle-t-IL Seigneur, lorsqu'il dit :

Le Seigneur a dit à Mon Seigneur : Assieds-Toi à Ma droite, jusqu'à ce que Je fasse de Tes ennemis Ton marchepied.

Si donc David L'appelle Seigneur, comment est-IL Son fils ?

Nul ne put Lui répondre un mot. Et, depuis ce jour, personne n'osa plus Lui proposer des questions. **Scofield**.

Proverbes 26 : 4-5 *Ne réponds pas l'insensé selon sa folie, de peur que tu ne lui ressembles toi-même.*

Répond à l'insensé selon sa folie, afin qu'il ne se regarde pas comme sage. **Scofield**.

ENNEMIS

Bien ! Qu'est-ce que j'entends par ennemi ?

Deutéronome 18 : 10-13 *Qu'on ne trouve parmi vous personne qui offre son fils ou sa fille en sacrifice, ni personne qui s'adonne à la magie ou à la divination, qui observe les présages ou se livre à la sorcellerie.*

Qui jette des sorts ou qui interroge d'une manière ou d'une autre les esprits des morts.

Le Seigneur votre Dieu a en horreur ceux qui agissent ainsi, et c'est pourquoi IL va déposséder les habitants de ce pays lorsque vous arriverez. **Français Courant 1997**.

Donc le combat spirituelle, va être axé sur cette catégorie. Et non pas sur les précédentes.

Et la Bible nous autorise, à nous lever dans le combat devant ce type d'opposition.

Ephésiens 6 : 12 *Vous n'avez pas à lutter contre le sang et la chair. Mais contre les dominations, contre les autorités, contre les princes de ce monde de ténèbres, contre les esprits méchants dans les lieux célestes.* **Scofield**.

Contre les princes de ce monde des ténèbres ⟶ Contre les fils et filles du diable. Mais la bataille reste spirituelle, pas d'agression physique.

Matthieu 10 : 34 *Ne croyez pas que Je sois venu apportez la paix sur la Terre ; Je ne suis pas venu apporter la paix, mais l'épée.* **Scofield**.

Matthieu 10 : 34 *N'allez pas croire que Je sois venu apporter la tranquillité sur Terre : Ma mission n'est pas d'apporter la tranquillité mais la lutte.* **Parole Vivante**.

Un ennemi comme je l'ai mentionné, utilise l'occultisme pour faire du mal, sinon du tort à l'innocent. A pervertir des régions entières, à vendre des régions ou des territoires à des démons. A influencer négativement, le devenir des hommes par le recours aux enchantements, sorcellerie, divination, magie, sortilège etc...A combattre mystiquement l'Eglise, par les sortilèges, les imprécations, et tous les coffrets des techniques de l'Enfer. C'est sur eux, que va être notre attention.

Genèse 3 : 15 *Je mettrai inimitié entre toi et la femme, entre ta postérité et sa postérité : celle-ci t'écrasera la tête, et tu lui blesseras le talon.* **Scofield**.

Surtout dans cela, ne regarder jamais à l'apparence de la personne. Mais, restez focaliser sur ce que vous donne le Saint-Esprit comme information. C'est Lui qui est dans le Monde Invisible, et qui voit tout. Pas vous.

Autre chose, quelque soit la révélation que vous pouvez avoir, il est nullement question d'aller vous battre physiquement. Et faire lever un scandale. Mais, de remporter la victoire dans la prière. A moins que, le Saint-Esprit, vous demande de libérer ce que vous avez vu. Mais, là encore je réitère le Saint-Esprit, pas vos émotions.

!!! Dans la bataille spirituelle, l'Eglise oublie généralement de prier continuellement, contre les différentes sectes pernicieuses qui se trouvent dans leur région, dans leur zone d'influence.

Tandis que les membres de ces sectes eux, n'oublient pas de prier contre l'Eglise. Contre le salut des âmes, et contre les saints de Dieu. C'est seulement, si nous parvenons à les lier et les neutraliser spirituellement que, nous pourrons récolter du fruit en abondance à tous les niveaux (Salut des âmes, affaires, épanouissement, bonne santé du pays etc...).

Car,

Mathieu 12 : 29 *Comment quelqu'un peut-il entrer dans la maison d'un homme fort et piller se biens, sans avoir auparavant lié cet homme fort ? Alors seulement il pillera sa maison.* **Scofield**.

ARMES DEFENSIVES ET OFFENSIVES

Ephésiens 6 : 10-14 (a) *Pour conclure : devenez des chrétiens forts, non par vous-même, mais en puisant vos forces dans les ressources infinies de la puissance du Seigneur. C'est dans la communion avec Lui que vous trouverez votre énergie.*

Couvrez-vous entièrement de l'armure complète que Dieu vous offre, afin de pouvoir tenir ferme contre toutes les ruses de guerre du diable.

Car ce n'est pas seulement de notre combat à nous qu'il s'agit. Nous n'avons pas à lutter uniquement contre notre nature terrestre, ni contre de simples ennemis mortels, mais contre les puissances occultes, contre une organisation spirituelle satanique, contre les dictateurs invisibles qui, dans les ténèbres, veulent contrôler et régir notre monde, contre la légion des esprits démoniaques dans les sphères surnaturelles, véritables agents du quartier général du mal.

Voilà pourquoi il vous faut endosser toute l'armure divine, afin de pouvoir tenir bon au mauvais jour et faire usage de tout l'équipement que Dieu vous offre et faire tout ce qui vous est possible, si vous voulez repousser les attaques, remporter la victoire sur tous les ennemis et rester maître de la place.

Soyez donc prêt au combat, debout et fermes. **Parole Vivante**.

ARMES DEFENSIVES

Par les armes défensives, on entend des paroles que vous devrez proclamer, déclarer sur vous-même, devant la situation à laquelle vous faîtes face, pour vous garder dans la foi en Jésus (Casque du salut et le bouclier de la foi, la cuirasse de justice).

Lamentation 3 : 19-25 *Quand je pense à ma détresse et à ma misère, à l'absinthe et au poison ;*

Quand mon âme s'en souvient, elle est abattue au-dedans de moi.

Voici ce que je veux repasser en mon cœur, ce qui me donnera de l'espérance.

Les bontés de l'Eternel ne sont pas épuisées, Ses compassions ne sont pas à leur terme ;

Elles se renouvellent chaque matin. Oh ! Que ta fidélité est grande !

L'Eternel est mon partage, dit mon âme ; c'est pourquoi je veux espérer en Lui.

L'Eternel a de la bonté pour qui espère en Lui, pour l'âme qui Le cherche. **Scofield**.

Un exemple :

Je proclame dans le Nom Jésus, que je suis une maison bâtit sur le roc Jésus. Quelque soit, les inondations, les tempêtes, la noirceur des ténèbres ma maison ne s'écroule pas et ne s'écroulera jamais.

Je proclame dans le Nom de Jésus, que le Saint-Esprit garde mon cœur et mes pensées fixés sur Jésus. Je suis stable, inébranlable, imperturbable. Que mille tombent à mon côté dix mille à ma droite, je ne serai jamais atteint. Mes de mes yeux je verrai la rétribution des méchants.

Je proclame dans le Nom de Jésus que le Seigneur est ma force. Et que je ne crains point la multitude d'ennemis qui se dressent de jour comme de nuit contre moi. Je m'endormirai et je me lèverai car, le Seigneur Jésus est ma sécurité.

Je proclame dans le Nom de Jésus que mes forces sont renouvelées. Et que mes ennemis qui sont venus contre moi par un chemin, s'en fuiront par sept chemins.

Je proclame que je suis établi par Jésus, comme une forte muraille d'airain, que j'ai un cœur aride au péché à la tentation et aux ruses de diable et de sa cohorte de démons.

Je proclame dans le Nom de Jésus, la victoire de la Croix dans ma vie à tous les niveaux. Dans mes combats la victoire dans le Nom de Jésus, sur le péché la victoire dans le Nom de Jésus, Sur la chair la victoire dans le Nom de Jésus.

Je proclame dans le Nom de Jésus, que je fais des exploits dans ma vie à la gloire et à la louange de Jésus.

Je proclame que le Seigneur me taille et façonne pour Lui être agréable, en tout temps. Et j'achève ma sanctification.

Je proclame que par sa grâce je serai prêt pour le retour de Jésus.

C'est un exemple d'une arme défensive. Car, ce sont les paroles que vous prononcerez sur vous-même qui sont votre première défense.

Les proclamations que vous faîtes sur vous, dans la foi en Jésus et aux paroles que vous prononcez, permettront à votre esprit de croitre en stature. Au-delà de la méditation de la Parole, votre esprit croit également au travers des proclamations que vous faîtes. En vous assurant que vous croyez au préalable à toutes les paroles que vous sortez de vos lèvres.

Alors que veut dire proclamer ?

Nous sommes dans l'analogie de la foi.

Proclamer : C'est rendre public. C'est dire haut ou à haute voix sur vous-même, ce que vous pensez qui va vous arrivez, dans un futur proche, par l'action du Saint-Esprit. C'est appelé à l'existence, toutes ces choses qui sont sorties de vos lèvres. Ces choses qui ne sont pas encore pleinement manifestées. On parle de prières de proclamations.

Hébreux 11 : 1 *Or, la foi est une ferme assurance des choses qu'on espère, une démonstration de celles qu'on ne voit pas.* **Scofield**.

Hébreux 11 : 1 *Et qu'est-ce que la foi ? C'est une ferme confiance dans la réalisation de ce qu'on espère, c'est une manière de le posséder déjà par avance. Croire, c'est être absolument certain de la réalité de ce qu'on ne voit pas.* **Parole Vivante**.

Que signifie Déclarer ?

Déclarer : C'est rappelé à vos ennemis, ce qu'ils savent : que vous leur êtes supérieur à cause de Jésus. Et quelques soient les complots qu'ils fomentent contre vous, ils ne vous vaincront jamais (vous n'abandonnerez jamais la foi en Jésus notre Seigneur).

Exemple :

Je te le déclare Satan, tu ne pourras jamais me vaincre. Et pour cause, je suis né de Dieu. Or, ceux qui sont nés de Dieu triomphe du monde. Ce n'est pas faute d'avoir essayé. Mais hélas ! Si Dieu est pour nous qui sera contre nous, IL n'a pas même épargné Son propre Fils. Combien alors ne nous donnera-t-IL pas toutes choses avec Lui.

Or, je ne demande que Jésus et de L'aimer. Mais aussi, de te haïr de toutes les fibres de mon être, toi et ta cohorte de démons.

Tu me feras certes la guerre, mais tu ne me vaincras point. Car Jésus est avec moi, pour me délivrer. C'est, la faute à pas de chance pour toi ! Et, mon cœur ne t'appartient plus ! Quelle joie !

Tu sais, tu as perdu le combat, dès le premier jour où tu as résolu de t'attaquer à moi. Car, en t'attaquant à moi, tu as insulté de manière inconsciente, le Saint d'Israël et toute l'Armée des Cieux. Tu as dit au profond de toi, qu'IL n'est pas en mesure de protéger, de sauver et de faire revivre. Je vois, tu réalises ta folie, et c'est une méchante folie ! C'est trop de peine que tu te donnes-là ! Je te conseillerai de retourner dans ton terrier, il y aurait alors pour toi, moins de casse ! Après tout tu n'es pas obligé de le suivre. **Fin**.

Dans les prières de déclarations vous n'êtes plus impressionnés par l'intensité de la fournaise dans laquelle vous vous trouvez. Vous pouvez parler, dans le calme avec l'ennemi. Et, lui faire comprendre ces vérités. A ce niveau, vous êtes un véritable guerrier du Royaume des Cieux, un vaillant héros.

I Pierre 5 : 9 *Résistez-lui avec une foi ferme, sachant que les mêmes souffrances sont imposées à vos frères dans le monde.* **Scofield**.

Job 40 : 20-24 *Prendras-tu le crocodile à l'hameçon ? Saisiras-tu sa langue avec une corde ?*

Mettras-tu un jonc dans ses narines ? Lui perceras-tu la mâchoire avec un crochet ?

Te pressera-t-il de supplication ? Te parlerat-il d'une voix douce ?

Fera-t-il alliance avec toi, pour devenir à toujours ton esclave ?

Joueras-tu avec lui comme un oiseau ? L'attacheras-tu pour amuser tes jeunes filles ? **Scofield**.

Job 41 : 15-19 *Son cœur est dur comme la pierre, dur comme la meule inférieure.*

Quand il se lève, les plus vaillants ont peur, et l'épouvante les faits fuir.

C'est en vain qu'on l'attaque avec l'épée ; la lance, le javelot, la cuirasse, ne servent à rien.

Il regarde le fer comme de la paille, l'airain comme un bois pourri.

Les flèches ne le met pas en fuite, les pierres de la fronde sont pour lui du chaume. **Scofield**.

I Jean 3 : 13(c) *Je vous écris, à vous qui êtes à présent des pères, car vous êtes entrés en communion avec Celui qui est depuis le commencement du monde.* **Parole Vivante**.

ARMES OFFENSIVES

Les armes offensives s'utilisent, pour ramener la situation dans l'ordre préétabli des choses. Selon que le Seigneur Jésus, l'a établi de toute éternité.

Qui parle d'offensive, parle alors de frapper l'ennemi, de le frapper où il aura le plus mal. Pour le pousser, si lui est encore possible à la repentance.

Pour passer, à l'offensive il vous faut garder à l'esprit que toute variation d'atmosphère autour de vous, est due, à la présence de démons ou d'esprits impurs (humains) qui font des projections astrales.

Dès lors, vous êtes sensibles à ces variations, vous pouvez ordonner un châtiment ou un jugement. Tout en sachant, que vous avez à faire à des êtres animés. Donc, vous devrez leur parler comme si vous parliez à une personne que vous voyez de vos deux yeux. Vous devez les apostropher : *esprit(s) impur(s) quelque soit ta nature et l'action que tu es venue accomplir autour de moi, je t'écrase et détruis tout ton plan dans le Nom de Jésus*.

Dans le cas, où vous seriez en public (travail), vous devriez prier dans votre cœur, cela à la même efficacité.

STRATEGE

Si vous devez vous lancer dans le combat, vous devez savoir ce topo. Que le stratège observe d'abord la situation, il analyse la situation à laquelle, il est confronté. De son analyse, il comprend l'action de l'ennemi. Comment, il procède et pèse le niveau de malice de l'ennemi. De cela, il frappera l'ennemi selon, la mesure de son évaluation.

Car, mon frère avait pour habitude de dire que les armes avec lesquelles, on combat une souris, ne sont pas les mêmes avec lesquelles on combat un éléphant ou une baleine.

Deux exemples :

Premier : Un soir au sortir d'une réunion à l'église locale, j'étais allé voir ma petite sœur. Et, sur le chemin de sa maison, j'ai rencontré son mari. Je me suis arrêté pour le saluer. Il se trouvait à ses côtés deux hommes que j'ai voulu également saluer par politesse.

Mais l'un d'eux, alors que je lui tendais la main, l'a laissé plus de dix secondes dans le vide et ne m'a pas salué. J'ai eu à retirer ma main. Je suis rentré tout en colère.

Lorsque mon beau-frère m'a retrouvé chez lui, je lui ai dit que ce monsieur avait perdu son travail et qu'il sera licencié pour avoir laissé ma main tendu dans le vide, plus de dix seconde. Et, il a été licencié. Son orgueil était dû, au fait qu'il était chauffeur particulier d'un ministre de la place. Ca je l'ai su, juste après. Et j'avais appris également que c'était ainsi qu'il traitait toute personne qui à ses yeux ne valait rien.

Deuxième :

J'ai été confronté à ces pactes de faux serviteurs de Jésus, avec son cortège de problèmes et de pièges. Et au fort du combat, il m'est arrivé d'ordonner sur tous les membres de cette secte, d'avoir des hémorroïdes.

Cela, leur était arrivé. Et comment, je l'ai su. C'est simple durant la nuit, qui suivait le moment où, j'avais eu à ordonner le châtiment, j'ai été victime de la même attaque d'hémorroïde. Seulement, par la puissance du Saint-Esprit cela n'a pas pu sortir. Et, n'est plus jamais revenu, j'ai pas eu à la parer par une prière. Automatiquement, dès lors où j'ai ressentis la douleur que la puissance du Saint-Esprit a fait son effet.

Vous me diriez pour certains d'entre vous, qui êtes émotionnels que ce n'est pas bien.

Bien, n'oubliez pas que lorsque l'on frappe un ennemi, ce n'est pas pour le tuer, mais le conduire à la repentance si, cela lui avait été accordé. Ou qu'il oublie votre adresse dans le calepin, de ses victimes. Ou qu'il abandonne l'idée de s'attaquer aux intérêts du Royaume des Cieux.

METTONS-NOUS D'ACCORD

Je ne l'aurai pas fait, mais le Saint-Esprit me convainc, de partager avec vous ce témoignage de son action dans ma vie, pour édifier le peuple de Jésus, son Eglise.

Témoignage :

Un jour, alors que je dormais durant les heures de la nuit. Durant, la période sombre de ma vie. Où je ne cessais de réfléchir, comment je pouvais sortir de ces problèmes de sorcelleries qui me retenaient captif depuis plus de huit années.

Le Saint-Esprit va me faire une grâce : celle de me transporter en esprit en face de mon ennemi.

La raison pour laquelle, IL avait décidé de le faire. Etait que durant mes huit premières dans la foi en Jésus, je ne m'étais levé qu'une seule fois dans le combat. Et même là, je ne m'étais pas vraiment levé. J'étais acculé, oppressé, étouffé, confus, et dans une stagnation, un statut quo qui ne disait pas son nom.

Le Saint-Esprit ce soir-là, me ravit en esprit pour être en face de cet homme, dont le visage ne m'était pas familier. Et qui bloquait ma vie, depuis tant d'années. Et cet homme, me dit ce jour en esprit : *Je ne te laisserai pas partir. Car, j'ai juré à mon père le diable que je ne le ferai pas.* J'étais étonné que pareil homme existe.

Et, là le Saint-Esprit me fit grâce de regagner mon corps. Malgré cette vision, je ne me levai toujours pas contre les œuvres des ténèbres. Et, je vivais toujours, dans ces mêmes difficultés. Rien n'avait changé dans ma vie. Mais plutôt, la situation se dégradait et allait de mal en pis.

Au point où, un jour en plein culte, le Seigneur Jésus de me dire : Pourquoi retardes-tu Mon plan ? J'ai pris peur ce jour ; car, c'était de manière audible que j'avais entendu Sa voix.

J'ai mis encore un léger temps avant de réagir dans le bon sens. Mais, si j'avais décidé de ne pas le faire, beaucoup de livre pour ne citer que cela n'auraient pas été à la disposition de l'Eglise. Car, le royaume des ténèbres m'aurait peut-être défait, je plaisante. Nous sommes plus que vainqueur par Celui qui nous aimé le premier.

RIPOSTE

La riposte est une habitude de l'ennemi, de se révolter et de vous montrer la valeur de ses dieux. Si l'ennemi riposte c'est que la première attaque était légère ou moindre à ses yeux.

Il faut savoir que dès lors où, vous ressentez des attaques dans la foi, c'est que vous avez été infiltré. Car, il n'y a que de cette manière que vous pouvez être confronté à cela. Ou encore par, une alliance de famille (générationnelle).

Etudions un peu, cette notion de riposte.

Il y a riposte également, lorsque l'ennemi reconnait votre supériorité. Alors, il s'en va chercher du renfort et faire de nouvelles alliances mystiques, avec, d'autres sorciers ou démons pour s'il lui était possible vous renversez.

Matthieu 12 : 43-45 *Quand un mauvais esprit vient de sortir d'un homme, il se met à parcourir les lieux arides, çà et là, à la recherche d'un lieu de repos et il n'en trouve pas.*

Alors, il se dit : il vaut mieux regagner la maison que j'ai quittée. Il y revient et, à son arrivée, la trouve inoccupée : tout a été nettoyé, bien remis en ordre et embelli.

Alors il va chercher sept autres démons encore plus méchants que lui et il les ramène avec lui. Tous ensemble, ils pénètrent dans la maison et s'y installent à demeure. Finalement, cet homme est dans un état pire qu'avant. C'est exactement ce qui arrivera à cette génération perverse. **Parole Vivante**.

La particularité, de la riposte au-delà du déploiement nouveau de force et de puissance de l'ennemi, est que vous aurez de nouveaux ennemis, qui eux seront sous la couverture de celui qui à nouer l'alliance nouvelle avec eux.

Donc, là encore cela demande d'être stratège, de contourner cette couverture. Exemple : *tous ceux qui sont sous la couverture mystique de … je vous ….*

Dans la riposte, il peut y avoir également passation de propriété. Et donc dans un pacte, nouveau propriétaire de la personne sacrifiée. Ce qui veut dire, que là encore, il faut être stratège. C'est-à-dire que vous ne pouvez plus attaquer la personne qui était à l'origine de ce pacte. Cela ne pourra pas changer votre situation. Mais, elle pourra néanmoins subir les conséquences de vos attaques. Mais, vous devrez attaquer le nouveau propriétaire.

Mais, si je ne le connais pas et ne connais pas son nom ou identité ?

Le nouveau propriétaire pouvant être un individu ou une secte. Que faire dans ce cas de figure ? Il vous faudra détruire l'autel, sur lequel repose ce pacte. Il vous faudra détruire l'autel sur lequel, l'individu en question a bâti sa vie, il vous faudra détruire l'autel sur lequel cette secte est bâtie.

Si spirituellement votre esprit a suffisamment grandit vous pourrez le faire tout seul. Selon, qu'il est écrit :

Jacques 5 : 16 (b)-18 *La prière fervente d'un homme juste possède une singulière puissance.*

Elie, par exemple était un homme comme nous, soumis aux mêmes sentiments et aux mêmes expériences. Il pria avec ferveur pour qu'il ne pleuve pas et, effectivement, pendant trois ans et demi il ne tomba pas de pluie sur la Terre.

Puis il pria de nouveau et le Ciel redonna la pluie, la Terre commença à produire ses récoltes. **Parole Vivante**.

Si, spirituellement, vous n'êtes pas encore aguerrit dans le combat spirituel, il vous faudra être dans un groupe de prière. Où qu'un, responsable, un ancien prie pour vous dans ce sens.

Comprenez que je parle, d'une personne qui serait victime de cela. Pas d'une personne, qui serait allée de manière consciente pactiser avec les puissances des ténèbres, pour elle, elle devra faire une confession bien avant, toute chose pour bénéficier de la grâce du Seigneur Jésus.

Ecclésiaste 4 : 9-10 *Deux valent mieux qu'un, parce qu'ils retirent un bon salaire de leur travail.*

Car, s'ils tombent, l'un relève son compagnon ; mais malheur à celui qui est seul et qui tombe, sans avoir un second pour le relever ! **Scofield**.

!!! Pour certains, d'entre vous, le Seigneur Jésus peut choisir que vous meniez tous seul ce combat, en vous appuyant sur le Saint-Esprit, dans le but que vous croissiez spirituellement (Votre esprit).

Mais dès lors, où vous aurez grandi en esprit vous serez capable, de détruire cela par la puissance du Saint-Esprit, en ordonnant la destruction de ces trois types d'autels.

II Corinthiens 12 : 7-9 *D'ailleurs, pour me garder de m'enorgueillir indûment de ces révélations extraordinaires, il m'a été donné une épreuve physique, un messager de Satan chargé de me frapper pour que je ne m'élève pas trop haut.*

J'ai bien prié le Seigneur par trois fois de l'éloigner de moi,

Mais IL m'a répondu Ma grâce est suffisante pour toi, c'est dans la faiblesse que Ma puissance donne toute sa mesure. C'est pourquoi je veux mettre ma fierté avant tout dans mes infirmités et mes faiblesses, afin que la puissance du Christ vienne sur moi et fasse sa demeure en moi. **Parole Vivante**.

Mais, je ne connais pas son identité ?

Vous avez soit la grâce d'avoir une révélation du Saint-Esprit, par la prière. Ou, encore au travers d'un frère ou une sœur dans la foi. Ou par, le discernement des esprits.

Mais n'oubliez pas, une sagesse africaine dit ceci : c'est à plusieurs coups de hache que l'on finit par abattre un arbre.

Tandis qu'avec une tronçonneuse, cela mettrait quelques heures seulement.

Tout dépend, de l'influence spirituelle que vous avez atteint, pour parvenir à un résultat plus rapide. Mais cela, fonctionnera à tous les coups.

Il y a une possibilité d'être également délivré, par une ordonnance. Je vais donc, expliquer ce que c'est.

ORDONNANCE

Une ordonnance est une orientation particulière reçue du Saint-Esprit, pour solutionner un problème particulier. C'est-à-dire que le Saint-Esprit va vous révéler l'action à entreprendre, pour que la situation change en votre faveur.

Genèse 31 : 6-9 *Vous savez vous-même que j'ai servi votre père de tout mon pouvoir.*

Et votre père s'est joué de moi, et a changé dix fois mon salaire ; mais Dieu ne lui a pas permis de me faire du mal.

Quand il disait : Les tachetés seront ton salaire, toutes les brebis faisaient des petits tachetés. Et quand il disait : Les rayés seront ton salaire, toutes les brebis faisaient des petits rayés.

Dieu a pris à votre père son troupeau, et me l'a donné. **Scofield**.

Genèse 30 : 37-39, 41 *Jacob prit des branches vertes de peuplier, d'amandier et de platane ; il y pela des bandes blanches, mettant à nu le blanc qui était sur les branches.*

Puis il plaça les branches, qu'il avait pelées, sous les yeux des brebis qui venaient boire, pour qu'elles entrent en chaleur en venant boire.

Les brebis entraient en chaleur près des branches, et elles faisaient des petits rayés, tachetés et marquetés.

Toutes les fois que les brebis vigoureuses entraient en chaleur, Jacob plaçait les branches dans les auges, sous les yeux des brebis, pour qu'elles entrent en chaleur près des branches. **Scofield**.

Genèse 31 :10-13 *Au temps où les brebis entraient en chaleur, je levai les yeux, et je vis en songe que les boucs qui couvraient les brebis étaient rayés, tachetés et marquetés.*

Et l'ange de Dieu me dit en songe : Jacob ! Je répondis : Me voici !

IL dit : lève les yeux, et regarde : tous les boucs qui couvrent les brebis sont rayés, tachetés et marquetés ; car J'ai vu tout ce que te fait Laban.

Je suis le Dieu de Bethel, où tu as oint un monument, où tu M'as fait un vœu. Maintenant, lève-toi, sors de ce pays, et retourne au pays de ta naissance. **Scofield**.

Genèse 30 : 43 *Cet homme devint de plus en plus riche ; il eut du menu bétail en abondance, des servantes et des serviteurs, des chameaux et des ânes.* **Scofield**.

Deuxième cas :

Jean 9 : 6-7 *Après que Jésus a dit cela, IL crache par terre. Avec Sa salive, IL fait de la boue et IL met la boue sur les yeux de l'aveugle.*

Ensuite, IL lui dit : Va te laver dans l'eau, à Siloé le nom Siloé veut dire Envoyé. L'aveugle y va et il se lave. Quand il revient, il voit clair. **Parole de Vie**.

Troisième cas :

Actes 9 : 3-12 *Comme il était en chemin, et qu'il approchait de Damas, tout à coup une Lumière venant du Ciel resplendit autour de lui.*

Il tomba par terre, et il entendit une Voix qui lui disait : Saul, Saul pourquoi Me persécutes-tu ?

Il répondit : Qui es-Tu Seigneur ? Et le Seigneur dit : Je suis Jésus que tu persécutes. Il te serait dur de regimber contre les aiguillons.

Tremblant et saisi d'effroi, il dit Seigneur, que veux-Tu que je fasse ? Et le Seigneur lui dit : Lève-toi entre dans la ville, et on te dira ce que tu dois faire.

Les hommes qui l'accompagnaient demeurèrent stupéfaits, ils entendirent bien la Voix ; mais ils ne voyaient personne.

Saul se releva de terre, et quoique ses yeux soient ouverts, il ne voyait rien ; on le prit par la main, et on le conduisit à Damas.

Il resta trois jours sans voir, il ne mangea, ni ne but.

Or, il y avait à Damas un disciple nommé Ananias, le Seigneur lui dit dans une vision : Ananias, il répondit ; me voici, Seigneur !

Et le Seigneur lui dit : Lève-toi va dans la rue qu'on appelle la droite, et cherche, dans la maison de Judas, un nommé Saul de Tarse.

Car il prie, et il a vu en vision un homme du nom d'Ananias, qui entrait, et qui lui imposait les mains, afin qu'il recouvre la vue. **Scofield**.

Une ordonnance n'est pas un commandement, une ordonnance n'est applicable que pour le cas pour lequel, elle a été donné.

Par conséquent, tous les aveugles ne seront pas sauvés par imposition de main, ou par le fait de mettre de la salive sur leurs yeux. Ou encore, devenir riche en faisant de l'élevage, tout en suivant l'ordonnance de Jacob. Non ! Ce n'est pas la vôtre, mais celle de Jacob.

MAJEUR

Un majeur est une personne, dont la résonnance de ses paroles dépasse les âges et les siècles. Pierre, Jean, Jacques, Paul sont des exemples de majeurs. Ces majeurs ont, une plus grande autorité spirituelle ; une influence bien plus grande que tout le reste du Corps de Christ Jésus.

Galates 2 : 6, 9 *Quelle a été, à cet égard, l'attitude des apôtres dirigeants, de ceux dont l'autorité est reconnue par tous ? – Peu importe, au fond, leur autorité et la position qu'ils occupent ; ce qu'ils ont été autrefois n'entre pas non plus en ligne de compte ; Dieu ne S'arrête pas à de telles considérations et je ne veux pas non plus leur prêter plus d'attention qu'elles ne méritent. – Toujours est-il que ces apôtres, qui jouissent de la considération générale, n'ont rien eu à ajouter à mon Evangile, ni aucune obligation nouvelle à m'imposer.*

Donc, lorsque Jacques, Pierre et jean, ceux qui sont considérés comme les colonnes de l'Eglise, ont reconnu la grâce qui m'avait été accordée, ils nous ont donné la main, à Barnabas et à moi, en signe de parfait accord et de communion. Nous avons convenu que nous irions vers les peuples non-juifs tandis qu'eux se consacreraient à l'évangélisation des juifs. **Parole Vivante**.

Tout comme Paul, nous ne voulons pas regarder à ces considérations purement humaines. Mais, nous voulons seulement que l'Eglise puisse bénéficier de l'action du Saint-Esprit au travers de ces vases.

Un majeur peut avoir une influence, au-delà du temps. Lorsqu'il décrète quelque chose, sous l'onction du Saint-Esprit. Et, l'Eglise s'en trouve éclairer et plus ordonner. Car, des destinés peuvent être accomplies. Et, l'œuvre du Père s'accomplir fidèlement.

Je pense que lorsque, l'on ne comprend pas pourquoi le Père élève certaines frères ou sœurs, les non-éclairés les combattront. Je ne dis pas qu'ils ne peuvent pas être sujet, à vérification de la doctrine. Mais, lorsque Jésus à valider leur foi. Il ne reste plus qu'à ceux pour qui, ils peuvent être en bénédiction de suivre la volonté de Dieu au travers de leur vie.

Bien là, n'était pas mon propos.

Les décrets que vont prendre une telle personne, ne pourront être changés par personne d'autre. Quelque rare fois cela pourra être changé que par un autre majeur et à un temps plus avancé et selon la volonté du Père.

Josué 6 : 26 *Ce fut alors que Josué jura, en disant : Maudit soit devant l'Eternel l'homme qui se lèvera pour rebâtir cette ville de Jéricho ! Il en jettera les fondements au prix de son premier-né, et il en posera les portes au prix de son plus jeune fils.* **Scofield**.

I Rois 16 : 34 *De son temps, Hiel de Bethel bâtit Jéricho ; il en jeta les fondements au prix d'Abiram, son premier-né, et il en posa les portes au prix de Segub, son plus jeune fils, selon la parole que l'Eternel avait dite par Josué, fils de Nun.* **Scofield**.

Deuxième cas :

Genèse 49 : 14-15 *Issacar est un âne robuste, qui se couche dans les étables.*

Il voit que le lieu où il repose est agréable, et que la contrée est magnifique ; et il courbe son épaule sous le fardeau, il s'assujettit à un tribut. **Scofield**.

Deutéronome 33 : 18 (a)- 19 *Et toi, Issacar, dans tes tentes !*

Ils appelleront les peuples sur la montagne ; Là, ils offriront des sacrifices de justices, car ils suceront l'abondance de la mer, et les trésors cachés dans le sable. **Scofield**.

DECRETER

Décréter, c'est établir un décret, une loi qui sera applicable au moment de sa promulgation. C'est-à-dire, une loi qui fixera les limites d'actions de tous. Et qui sanctionnera, plus rapidement de l'autorité divine, tout débordement des uns et des autres.

Les décrets ont une plus grande portée que les ordonnances. En ce sens, qu'ils touchent quiconque se trouverait en violation de ce décret. Ils ne tiennent compte ni de la parenté, ni de la race, ni des distinctions sociales.

Matthieu 24 : 35 *Le Ciel et la Terre passeront, mais Mes paroles ne passeront point.* **Scofield**.

Il nous est permit d'utiliser, cette arme du Ciel, dans nos vies. Pas uniquement contre nos ennemis, mais pour frayer des chemins à Jésus, dans notre lignée. Lorsque, nous l'utilisons à bon escient, nous pouvons consacrer par décret la lignée de tous ceux qui sont encore dans notre sein, dans nos reins à Jésus. Nous pouvons frayer des passages à nos futures enfants, à notre maison.

Josué 24 : 15 (d) *Moi et ma maison, nous servirons l'Eternel.* **Scofield**.

Luc 3 : 4-5 *On entend la voix de quelqu'un qui crie dans le désert : Préparez le chemin du Seigneur, rectifiez les sentiers qu'IL doit parcourir.*

Tout ravin sera comblé, toute montagne et toute colline seront aplanies, les voies tortueuses redeviendront droites, les chemins rocailleux seront nivelés. **Parole Vivante**.

Les décrets sont pris dans le cas où, nous sommes amenés à sanctionner avec la plus grande énergie et rigueur l'ennemi.

Genèse 12 : 3 *Je bénirai ceux qui te béniront, et Je maudirai ceux qui te maudiront et toutes les familles de la Terre seront bénies en toi.* **Scofield**.

I Rois 17 : 1 *Elie, le Thischbite, l'un des habitants de Galaad, dit à Achab : l'Eternel est vivant, le Dieu d'Israël, dont je suis le serviteur! Il n'y aura ces années-ci ni rosée ni pluie, sinon à ma parole.* **Scofield**.

LA PUISSANCE DU SAINT-ESPRIT

Il y a une différence entre la force du Saint-Esprit et la puissance du Saint-Esprit.

Lorsque l'on dit : *Eternel des Armées fort dans les combats*. Cela veut dire, qu'IL débute un combat à 100 % IL le parachève à 1000 % avec un gros boost d'énergie. IL a toujours assez d'énergie pour rester toujours efficace. Et quand, je parle de Dieu, je parle de vous, pourvu que nous nous confions en l'Eternel.

Esaïe 40 : 27-31 *Pourquoi dis-tu, Jacob, pourquoi dis-tu, Israël : Ma destinée est cachée devant l'Eternel, mon droit passe inaperçu devant mon Dieu ?*

Ne le sais-tu pas ? Ne l'as-tu pas appris ? C'est le Dieu d'éternité, l'Eternel ; qui a créé les extrémités de la Terre ; IL ne se fatigue point, IL ne se lasse point ; on ne peut sonder Son intelligence.

IL donne la force à celui qui est fatigué, et IL augmente la vigueur de celui qui tombe en défaillance.

Les adolescents se fatiguent et se lassent, et les jeunes hommes chancellent ;

Mais ceux qui se confient en l'Eternel renouvellent leur force. Ils prennent leur vol comme les aigles ; ils courent, et ne se lassent point, ils marchent, et ne se fatiguent point. **Scofield**.

I Jean 2 : 14 (b) *Je vous ai écrit, jeunes gens, parce que vous êtes forts, et que la Parole de Dieu demeure en vous, et que vous avez vaincu le malin.* **Scofield**.

Tandis que, la puissance représente, la qualité des armes qu'IL met à notre disposition, pour soumettre le royaume des ténèbres.

Pourquoi cette partie ?

L'une des questions que se pose tout frère, dans la foi est de savoir : Pourquoi, il n'y a plus de déferlement de puissance comme au temps des apôtres ?

C'est parce que les fils de ce siècle, ne sont pas remplis pour la plupart de l'Esprit de Sagesse. Et que, l'accent devait être mis sur la Sagesse du Saint-Esprit.

Deutéronome 34 : 9 *Josué, fils de Nun, était rempli de l'Esprit de sagesse, car Moïse avait posé ses mains sur lui. Les enfants d'Israël lui obéirent, et se conformèrent aux ordres que l'Eternel avait donnés à Moïse.* **Scofield**.

Est-ce à dire qu'il suffirait d'acquérir la sagesse divine pour manifester la puissance divine ?

Non. La Sagesse divine nous garde dans la soumission, au Saint-Esprit. Tandis que, pour manifester la puissance du Saint-Esprit la réponse est donnée dans,

I Corinthiens 12 : 28-30 *Ainsi IL a établi dans l'Eglise, premièrement les apôtres, en second lieu les porte-parole de Dieu, troisièmement ceux qui enseignent, ensuite ceux qui opèrent des miracles, puis ceux qui ont des dons pour guérir les malades ou encore d'assister les malheureux, d'administrer ou de diriger l'Eglise, de parler dans des langues inconnues.*

Tous sont-ils apôtres ? Tous sont-ils porte-parole de Dieu ? Tous savent-ils enseigner, faire des miracles.

Guérir les malades, parler dans des langues inconnues ou les interpréter ? Evidemment non ! **Parole Vivante**.

A défaut, d'avoir la puissance pleinement manifestée, le manuel de base est celui-ci. Toujours est-il que la puissance sera déployée. Mais peut-être pas de manière extraordinaire (à éblouir la vue).

LE MANIEMENT DE LA PAROLE

Il est très important d'apprendre le maniement de la parole. Ou encore, de se perfectionner dans cet exercice.

Afin de pouvoir changer les situations les plus complexes, par une intercession véritable qui puisse toucher, sinon incliner le cœur de notre Père céleste.

Et l'Eglise est appelé à acquérir cet équipement. Et quand, je parle de l'Eglise, je parle de frère et sœur en Jésus.
Nous étudierons cette partie, avec la profondeur que le Saint-Esprit nous accordera.

Hébreux 4 : 12-13 *Car la Parole de Dieu est pleine de Vie et de puissance. Elle reste toujours en vigueur. Elle est plus incisive qu'aucune épée à double tranchant, elle pénètre jusqu'aux profondeurs de l'être : articulations et moelle (de notre vie intérieur), jusqu'à la ligne de séparation entre la vie de l'âme et de l'esprit. Elle discerne et révèle les sentiments et les penchants du cœur ; Elle juge les pensées et les intentions les plus secrètes.*

Rien, dans toute la Création, ne peut échapper au regard de Dieu ; tout est à nu ; tout paraît à découvert aux yeux de Celui à qui nous aurons à rendre compte. **Parole Vivante**.

Au Préalable :

Pour utiliser la Parole à profit, pour bien l'utiliser, il vous faut au préalable être conscient des réalités spirituelles. Il vous faut être certains de ces vérités ou faits : Jésus est vivant et est le Seigneur.

Vous devrez êtes certains, de ce fait. Cela doit être aussi certain que vous pouvez affirmer sans crainte de vous tromper, que le soleil se lève à l'est puis monte dans le Ciel et se couche à l'ouest. Oui, c'est le premier point.

Hébreux 11 : 6 *Si quelqu'un s'approche de Dieu pour entrer en communion avec Lui, il faut bien qu'il croie d'abord à Son existence et qu'il ait la conviction que Dieu récompense ceux qui Le cherchent de tout leur cœur.* **Parole Vivante**.

Deuxième point :

Il vous faut être conscient que Dieu est avec vous. Et qu'IL veille sur Sa Parole pour l'accomplir. En d'autres termes, si vous intercédez selon la compréhension véritable des Ecritures.

I Jean 5 :14-15 *C'est pourquoi nous pouvons nous approcher de Dieu avec une joyeuse assurance, nous sommes certains que, si nous demandons ce qui est conforme à Sa volonté, IL nous écoute.*

Et si nous savons qu'IL nous écoute, nous avons en même temps la certitude que l'objet de nos demandes -quel qu'il soit- nous est déjà acquis. **Parole Vivante**.

Troisième Point :

Il vous faut être conscient de la présence des anges du Seigneur tout autour de vous. Et ces anges ne manqueront pas d'agir en votre faveur si tôt, vous opérerez dans la connaissance de la Parole de vérité.

Hébreux 12 : 1 (a*) C'est pourquoi nous qui sommes environnés d'une telle foule de témoin.* **Parole Vivante**.

Quatrième Point :

Vous devrez garder dans la pensée que si l'on parle de Jésus, de Dieu le Père et du Saint-Esprit, cela signifie qu'il faudra également parler du diable. Du moins, jusqu'à ce que le Seigneur Jésus restaure toutes choses.

INTERCESSION

I Jean 2 : 14 (b) *Je vous ai écrit, jeunes gens, parce que vous êtes fort, et que la Parole de Dieu demeure en vous, et que vous avez vaincu le malin.* **Scofield**.

Le maniement de la Parole s'utilise, pour solliciter l'intervention du Ciel. Pour justifier vos choix et vos actions devant la juridiction du Ciel. Cela vous permet de voir le Ciel derrière vous ; derrière le sujet, sinon l'objet de votre intercession.

Il permet de manière claire, dans un exposé d'arguments de donner les raisons pour lesquelles vous sollicitez, l'intervention de l'Armée céleste ; du Royaume des Cieux. Et donc, permet au Ciel de voir si votre sollicitation est légale et/ou légitime.

Pour être plus clair, cette intercession vous l'avez avec Jésus.

Avant d'expliquer par un exemple, cette partie qu'est le maniement de la Parole, je tiens à informer qu'il n'est pas question de réciter des versets biblique au cours d'une intercession.

Mais, il plus que primordiale, de penser et de vouloir la réalisation, sinon la manifestation de tout ce qui sort de votre bouche. Cela, ne vise en aucun cas à impressionner une quelconque personne. C'est cela intercéder.

Pour cette partie, nous prendrons deux exemples une vieille prière que j'ai faite dans mes débuts dans la foi et une intercession de Josaphat.

Ma Prière :

O Père ! Regarde chaque jour depuis 2009, je suis dans des adversités qui s'entrelacent les unes aux autres.

De jours comme de nuits, sans interruption des démons me font la guerre. Oppressez, tourmentez au-dedans de moi à chaque réveil matinal. Des hommes prennent un malin plaisir à incanter contre moi. A lever le Léviathan ancien, les esprits de séduction, l'ange de la mort et même tout type de démon.

Et ils le font avec cruauté, méchanceté sans cause. Si ce n'est parce que Tu m'as couvert de Ta grâce. Et qu'ils accomplissent cela, parce qu'ils ont fait des pactes de vie et de mort contre moi.

Ah ! Quel joug Seigneur ! Je n'ai point de repos pour mon âme. Pourtant Tu nous a certifié que si nous portons Ton joug nous aurions du repos. Car Ton joug est doux et léger.

Je m'ennui grave je n'ai rien comme activité. Ils me considèrent comme de la nourriture, comme un butin à posséder. Ils formulent des pièges et veulent m'engloutir vif et jouir de bien.

Ce que je demande c'est Ton intervention, pour résoudre définitivement ce problème.

L'autre proposition est que Tu m'accordes de comprendre et voir clairement ce que j'ai à faire pour sortir de ce piège.

Mais aussi que dans cet état, la pluie puisse tombe. Car, j'ai besoin d'être vivifié par Ton Eau de Vie. Montre-moi Ta gloire, fais-moi grâce.

Que Ta sainte Présence, me remplisse Jésus. Rends-moi libre ; libre de Te louer en esprit et en vérité.

Merci Jésus !

Prière de Josaphat :

II Chroniques 20 : 3-13 *Dans sa frayeur, Josaphat se disposa à chercher l'Eternel, il publia un jeûne pour tout Juda.*

Juda s'assembla pour invoquer l'Eternel, et l'ont vint de toutes les villes de Juda pour chercher l'Eternel.

Josaphat se présenta au milieu de l'assemblée de Juda et de Jérusalem, dans la maison de l'Eternel, devant le nouveau parvis.

Et il dit : Eternel Dieu de nos pères n'es-Tu pas dans les Cieux, et n'est-ce pas Toi qui domines sur tous les royaumes des nations ? N'est-ce pas Toi qui a en main la force et la puissance, et à qui nul ne peut résister ?

N'est-ce pas Toi, ô notre Dieu qui a chassé les habitants de ce pays devant Ton peuple d'Israël et qui l'a donné pour toujours à la postérité d'Abraham qui T'aimait ?

Ils l'ont habité, et ils T'y ont bâti un Sanctuaire pour Ton Nom, en disant :

S'il nous survient quelque calamité, l'épée, le jugement, la peste ou la famine, nous nous présenterons devant cette maison, nous crierons à Toi du sein de notre détresse, et Tu exauceras et Tu sauveras !

Maintenant voici, les fils d'Ammon et de Moab et ceux de la montagne de Séir, chez lesquels Tu n'as pas permis à Israël d'entrer quand il venait du pays d'Egypte. – Car il s'est détourné d'eux et ne les a pas détruits-

Les voici qui nous récompensent en venant nous chasser de Ton héritage, dont Tu nous a mis en possession.

O notre Dieu, n'exerceras-Tu pas Tes jugements sur eux ? Car nous sommes sans force devant cette multitude nombreuse qui s'avance contre nous, et nous ne savons que faire, mais nos yeux sont sur Toi. **Scofield**.

Dans son intercession, Josaphat a utilisé le maniement de la Parole.

Légère explication :

Josaphat chercha l'Eternel, c'est-à-dire comment IL pouvait agir, opérer ou répondre rapidement à son problème.

Il conclut quoi de plus rapide que le jeûne.

Le jeûne qu'est-ce que c'est ?

Le jeûne est le fait de demander au Ciel, un conseil extraordinaire en vue de la résolution d'un problème. D'une situation si nous n'avons pas recours au jeûne, mettrait beaucoup plus de temps dans sa résolution.

En entrant en jeûne, nous signifions au Père que rien n'a d'importance dans notre quotidien, que la résolution de ce problème. C'est pourquoi, si ce dossier était à la 10000 ième position dans la pile de dossiers que gèrent le Royaume des Cieux, que sa place soit revue à la toute première.

En d'autres termes, voici ma priorité, si je dois restreindre mes demandes. Cela se résumerait d'abord à ce que Tu résolves ce problème.

C'est pourquoi, lorsque les disciples de Jean abordèrent Jésus en Lui demandant,

Matthieu 9 : 14-15 *Comment se fait-il que Tes disciples ne jeûnent jamais, alors que nous, tout comme les pharisiens, nous respectons les jeûnes (réglementaires) ?*

IL leur répondit : - Pensez-vous que les invités d'une noce puissent être triste tant que le marié est avec eux ? Le temps viendra bien assez tôt où Celui-ci leur sera enlevé. Ce sera pour eux le moment de jeûner. **Parole Vivante**.

Mais, ce n'est pas ce qu'enseigne Esaïe 58 ?

Esaïe 58 : 1-4 *Crie à plein gosier, ne te retiens pas, élève ta voix comme une trompette, et annonce à Mon peuple ses iniquités, à la maison de Jacob ses péchés !*

Tous les jours ils Me cherchent, ils veulent connaître Mes voies ; comme une nation qui aurait pratiqué la justice et n'aurait pas abandonné la Loi de Son Dieu. Ils Me demandent des arrêts de justice, ils désirent l'approche de Dieu.

Que nous sert de jeûner, si tu ne le vois pas ? De mortifier notre âme, si Tu n'y as point égard ?- Voici, le jour de votre jeûne, vous vous livrez à vos penchants, et vous traitez durement tous vos mercenaires.

Voici, vous jeûnez pour disputer et vous quereller, pour frapper méchamment du poing ; Vous ne jeûnez pas comme le veut ce jour, pour que votre voix soit entendue en haut. **Scofield**.

Il n'y a pas de contradiction, cela revient à la même chose : si tu veux que Je t'accorde cette audience extraordinaire, tu devras d'abord revoir certains de tes comportements ou celui de ton peuple. Car, Je ne les supporte pas. Et par la suite, Je serai disposé à t'écouter.

Revenons sur Josaphat :

Donc, il jeûna pour obtenir une réponse, une direction sur ce qui allait arriver. Et sur l'action, qu'ils devaient entreprendre.

Réponse

Il Chroniques 20 : 14-15 *Alors l'Esprit de l'Eternel saisit au milieu de l'assemblée Jachaziel, fils de Zacharie, fils de Benaja, fils de Jeiel, fils de Matthania, Lévite, d'entre les fils d'Asaph.*

Et Jachaziel dit : soyez attentifs, tout Juda et habitants de Jérusalem, et toi, roi Josaphat ! Ainsi vous parle l'Eternel ne craignez point devant cette multitude nombreuse, car ce ne sera pas vous qui combattez, ce sera Dieu. **Scofield**.

Action à entreprendre

II Chroniques 20 : 16-19 *Demain, descendez contre-eux ; ils vont monter par la colline de Tsits, et vous les trouverez à l'extrémité de la vallée, en face du désert de Jéruel.*

Vous n'aurez point à combattre dans cette affaire : Présentez-vous, tenez-vous-là, et vous verrez la délivrance que l'Eternel vous accordera. Juda et Jérusalem, ne craignez point et ne vous effrayez point, demain sortez à leur rencontre, et l'Eternel sera avec vous !

Josaphat s'inclina le visage contre terre, et tout Juda et les habitants de Jérusalem tombèrent devant l'Eternel pour L'adorer.

Les lévites d'entre les fils de Kehathites et d'entre les fils des Koréites se levèrent pour célébrer d'une voix forte et haute l'Eternel, le Dieu d'Israël. **Scofield**.

Etudions le maniement de la Parole de Josaphat, dans sa profondeur spirituelle.

Eternel Dieu de nos pères, dans notre famille nous ne connaissons que Toi comme le Seul vrai Dieu qui sauve et délivre. Tu es l'unique Dieu. C'est pourquoi nos parents se sont assurés de nous transmettre Ton Alliance.

Postérité d'Abraham, c'est vrai ! Dans nos familles plusieurs ont adoré de faux dieux. Mais ne regarde pas à cela. Regarde à Ton serviteur Abraham qui a marché devant Ta face, dans la foi en Ta promesse. Et à qui Tu as juré de le multiplier et de veiller sur Sa postérité pour toujours. En l'établissant dans le pays que Tu avais juré de Lui donner. Pays où coulent le lait et le miel.

Regarde Eternel Dieu, on veut nous en déposséder. Pourtant nous cherchons Ta face et invoquons Ton Nom. Nous marchons devant Ta face avec intégrité de cœur. Rétablis Ta justice, afin que les hommes Te craignent. A Abraham et à sa postérité pour toujours.

Commentaire :

Non seulement Josaphat marche dans le respect du Seigneur. Mais aussi, a une très bonne compréhension des Ecritures. Et un dépôt de la Parole en lui.

Sa sincérité et son intégrité, le pousse à désirer vraiment tout ce qui sort de sa bouche. Il a un cœur entier à l'Eternel. Et ne cherche pas, à ce que le temps passe vite, pour avoir bonne conscience. Et se dire qu'il a intercédé. Mais, il veut des résultats et est prêt à passer le temps que cela dans la Présence de Jésus.

II Chroniques 17 : 3-4 *L'Eternel fut avec Josaphat, parce qu'il marcha dans les premières voies de David, son père et qu'il ne rechercha pas les Baals.*

Car il eut recours au Dieu de son père, et il suivait Ses commandements sans imiter ce que faisait Israël. **Scofield**.

Jacques 5 :16 (b) *La prière fervente d'un homme juste possède une singulière puissance.* **Parole Vivante**.

Le maniement de la Parole peut être considérée à la fois, comme étant une arme défensive. Ou comme une arme offensive. Tout dépendra, de la compréhension de la Parole. Et de son utilisation.

PRIEZ SANS CESSE

I Thessaloniciens 5 : 17 *Priez sans cesse.* **Scofield**.

Témoignage :

Ah ! Enfin, cette partie. Priez sans cesse. Lorsque, j'étais nouvellement convertit, j'étais réglé comme une horloge. Je priais, si j'ai encore bonne mémoire tous les vingt-deux heures. J'attendais que tout le monde dorme et de ce fait que, personne ne me dérange. Je dois dire que c'était agréable. J'étais vraiment, dans l'innocence de la foi.

Mais, j'avais remarqué quelque chose. Le diable n'attendait pas vingt-deux heures pour m'attaquer. Et, j'étais ciblé à toutes les heures du jour. Au point, où je cherchais à me défendre. Mais, j'étais manipulé comme je le disais par l'ennemi ; qui me disait si tu te lèves dans le combat, tu feras du mal à ton prochain. Imagine-toi, qu'il meurt, il irait en Enfer, de par ta faute. Et je ne me levais pas dans le combat.

Bon dans cette partie, ce qui nous importe c'est que le diable n'attendait pas vingt-deux heures pour m'attaquer.

Alors il faudrait, que nous sachions comment on s'y prend. Du moins, comment je m'y prends.

Je ne me lève plus à une heure bien déterminée. Mais, au moment où le Saint-Esprit me réveille, rassurez-vous. Je ne dors que très peu. Car, s'IL juge que je dois prier à deux heures du matin, IL me réveille. Et, je dois dire que rarement, sinon, ce n'est plus dans mon souvenir avoir dormi de vingt-deux heures à six heures du matin.

Lorsqu'il est six heures du matin, et que je dois aller au travail, où à une activité. Je ne prie pas. Mais, je rentre dans la communion du Saint-Esprit. Je parle avec Lui, comme à un Ami, de tout ce qui remplit mon cœur. Je chante des cantiques de louanges et Adorations.

Si tôt, autour de moi, il y a changement d'atmosphère que je me lance soit dans un moment de prière. Bon, on ne dira pas nécessairement prière. Mais, usé, utilisé ou manifesté son autorité.

Lorsque le Saint-Esprit, me met à cœur de prier pour un frère ou une sœur je le fais. Généralement, IL fait défiler une image ou une pensée. Ou, s'IL me fait grâce de discerner l'atmosphère, dans mon lieu de travail, j'ordonne alors un jugement.

Il y a une chose, me diront certains, il faut devancer l'aurore. Et, par la suite, ils ne prieront plus durant toute la journée. Je vous assure que vous le faîte parce que, vous n'avez pas encore été confronté à une multitude de fils de ténèbres qui lancent des sorts à toute heure du jour contre vous.

Quand vous êtes en pause déjeuner, vous vous relaxer soit par la louange ou l'adoration. Le but est seulement, d'être sensible aux directives du Saint-Esprit, d'avoir un discernement des esprits bien au point. Et de jouir de votre communion avec, le Saint-Esprit.

C'est ainsi, que l'on prie sans cesse. Il n'est nullement question de prier durant un programme ou un emploi du temps bien défini. Sans cesse.

Ephésiens 6 : 18 *Demeurez en communion avec l'Esprit par une prière persévérante, car l'efficacité de ces armes dépend d'une intercession qui ne se relâche point. Restez donc alertes et vigilants, attentifs aux occasions favorables, remplis de l'Esprit, plaidant avec une insistance infatigable pour tout ce qu'IL vous aura mis à cœur. Occupez vos veilles à crier à Dieu, à intercéder pour Ses serviteurs.* **Parole Vivante**.

OFFENSIVES CONTRE L'ENFER

S'agissant, des différentes révélations qui ont été données, de la manière dont, le royaume des ténèbres opère contre l'Eglise, j'ai déjà donné la solution sur la plupart. Mais, je vais la réitérer tout en apportant quelques spécificités sur certaines de ces attaques.

Solution : Serait de détruire les autels qui soutiennent la vie, des individus qui vous ont tendu ce piège. De détruire, les autels que ce groupe d'individus ont eu à bâtir contre vous. Et de détruire, l'autel de la secte qui a validé ce sacrifice (Sa fondation mystiquement).

C'est ce qui se réalise, lorsqu'il y a un déploiement de la puissance du Saint-Esprit.

Cas particulier du pacte de sang, selon que je l'ai expliqué : Le moyen d'en sortir serait de décréter la mort, sur tout ce qui jouent avec ce sang. Et persévérez jusqu'à ce que ces personnes soient mortes. Mais, le Seigneur Jésus vous en donnera la force de supporté.

Cas d'une séquestration mystique : Il vous faudra de la persévérance dans ce cas, car même si vous aurez détruit tous les autels comme mentionnés plus haut, il s'avère que vos deux esprits sont liés. Et pour cela, il faudra patienter que le Saint-Esprit vous montre une méthode pour que vous parveniez à vous délier ou qu'IL vous délie. Votre ennemi, ne peut être tué, car son esprit est caché sous ses liens avec vous.

Et, s'il devait mourir cela signifierait que vous aussi mourriez. Donc, le mieux à faire serait de le frapper des maladies comme l'hémorroïde. Je n'ai pas dit uniquement d'hémorroïdes, mais l'hémorroïde pour le garder dans la douleur tous les jours de sa vie. Et, l'empêcher de tenter à sortir mystiquement de son corps pour rendre la vie plus mal. Tout en décrétant, des paroles qui visent à ne pas être sous son joug malgré sa présence.

I Samuel 5 : 8- 12 *Et ils firent chercher et assemblèrent auprès d'eux tous les princes des philistins, et ils dirent : Que ferons-nous de l'arche du Dieu d'Israël ? Les princes répondirent : Que l'on transporte à Gath l'arche du Dieu d'Israël. Et l'on y transporta l'arche du Dieu d'Israël.*

Mais après qu'elle eut été transportée la main de l'Eternel fut sur la ville, et il y eut une très grande consternation ; IL frappa les gens de la ville depuis le petit jusqu'au grand, et ils eurent une éruption d'hémorroïdes.

Alors ils envoyèrent l'arche de Dieu à Ekron. Lorsque l'arche de Dieu entra dans Ekron. Les Ekroniens poussèrent des cris, en disant : on a transporté chez nous l'arche du Dieu d'Israël, pour nous faire mourir, nous et notre peuple !

Et ils firent chercher et assemblèrent tous les princes des philistins, et ils dirent : Renvoyez l'arche du Dieu d'Israël ; qu'elle retourne en son lieu, et qu'elle ne nous fasse pas mourir, nous et notre peuple. Car il y avait dans toute la ville une terreur mortelle ; la main de Dieu s'y appesantissait fortement.

Les gens qui ne mourraient pas étaient frappés d'hémorroïdes, et les cris de la ville montaient jusqu'au Ciel. **Scofield**.

ENTENDRE LA VOIX DE DIEU DANS LA PRIERE

On a déjà eu à parler de la Voix du Bon Berger, dans le livre Gouverner,

l'Art de Gouverner. Nous avions dit que Sa Voix pouvait être identifiable en quatre sous-groupes. Notamment, la Voix du Saint-Esprit, L'Onction du Saint-Esprit, la Parole et le Discernement des esprits.

Cette partie, que nous voyons peut être incluse, dans le discernement des esprits. Nous verrons comment, dans notre prière nous pouvons voir, la progression du dialogue dans notre esprit avec Dieu le Père. Et sortir de notre temps de prière, sachant ce que le Seigneur pense, Sa position ou Sa direction.

Et pour cela, nous prendrons comme exemple, deux passages de prières dans les Ecritures.

Nous nous attèlerons sur le **Psaume 4 : 1-9** et, **Jean 17 : 26**

Nous les subdiviserons selon, les parties d'interventions, des uns et des autres. C'est-à-dire, du Père (Dieu), et de Son serviteur. En tentant de racoler, où elles ne sont pas explicites les directives ou prises de parole de Dieu.

Psaumes 4 : 1-9 Psaume de David.

Quand je crie, réponds-moi, Dieu de ma justice ! Quand je suis dans la détresse, sauve-moi ! Aie pitié de moi, écoute ma prière !

Je t'écoute Mon serviteur. Je sais ce par quoi tu passes, J'ai vu ce que te font vivre tes ennemis. Et, il ne se passe pas un jour que Je ne sois avec toi. Je t'accompagne tous les jours. Et sache que, J'ai arrêté de te faire justice devant tous tes ennemis.

Réponse favorable.

Elan De Joie De David

Fils des hommes, jusqu'à quand ma gloire sera-t-elle outragée ? Jusqu'à quand aimerez-vous la vanité. Chercherez-vous le mensonge ?

Sachez que l'Eternel s'est choisi un homme pieux ; l'Eternel entend, quand je crie à Lui.

Tremblez, et ne péchez point ; Parlez en vos cœurs sur votre couche, puis taisez-vous.

Offrez des sacrifices de justice. Et confiez-vous en l'Eternel.

Prière et Soupire

Plusieurs disent : qui nous fera voir le bonheur ? Fais lever sur nous la Lumière de Ta face, ô Eternel !

Je te l'accorde, puisque telle es ta volonté.

Joie d'un Cœur Exaucé

Tu mets dans mon cœur plus de joie qu'ils n'en ont quand abondent leur froment et leur moût.

Je me couche et je m'endors en paix, car Toi seul, ô Eternel ! Tu me donnes la sécurité dans ma demeure. **Scofield**

Remerciement.

Cette prière de David a quatre étapes distinctes, lorsque nous faisons attention à ce passage de l'Ecriture.

On peut y voir une progression, qui nous fait comprendre la direction divine, la position divine sur sa requête. Donc, en priant, il est possible de savoir la position du Père sur le sujet. Tout cela en restant attentionné sur les paroles qui sortent de nos bouches.

Toutefois, il ne faudrait pas également oublier que le diable peut également inspirer une direction, lorsque la personne n'est pas passée par une délivrance. Mais, d'être attentionné aux différentes paroles que vous pouvez émettre dans la prière.

Cette fois-ci, attardons-nous sur la prière sacerdotale.

Jean 17 : 1-29

Retrouver Ses privilèges.

Après avoir ainsi parlé, Jésus leva les yeux au Ciel, et dit : Père, l'heure est venue ! Glorifie Ton Fils, afin que Ton Fils Te glorifie,

Selon que Tu Lui as donné pouvoir sur toute chair, afin qu'Il accorde la vie éternelle à tous ceux que Tu Lui as donnés.

Or, la vie éternelle ; c'est qu'ils Te connaissent, Toi, le seul vrai Dieu, et Celui que Tu as envoyé, Jésus-Christ.

Je T'ai glorifié sur la Terre, J'ai achevé l'œuvre que Tu M'as donnée à faire.

Et maintenant Toi Père, glorifie-Moi auprès de Toi-même de la gloire que J'avais auprès de Toi avant que le monde fut.

Intercéder pour Ses disciples.

Car Je leur ai donné les paroles que Tu M'as données ; et ils les ont reçues, et ils ont vraiment connu que Je suis sorti de Toi, et ils ont cru que Tu M'as envoyé.

C'est pour eux que Je prie. Je ne prie pas pour le monde, mais pour ceux que Tu M'as donnés, parce qu'ils sont à Toi ;

Et tout ce qui est à Moi est à Toi, et ce qui est à Toi est à Moi ; et Je suis glorifié en eux.

Je ne suis plus dans le monde, et ils sont dans le monde, et Je vais à Toi Père saint, garde en Ton Nom ceux que Tu M'as donnés, afin qu'ils soient un comme Nous.

Lorsque J'étais avec eux dans le monde, Je les gardais en Ton Nom. J'ai gardé ceux que Tu M'as donnés, et aucun d'eux ne s'est perdu, sinon le fils de la perdition, afin que l'Ecriture fût accomplie.

Et maintenant Je vais à Toi, et Je dis ces choses dans le monde, afin qu'ils aient en eux Ma joie parfaite.

Je leur ai donné Ta parole ; et le monde les haïs, parce qu'ils ne sont pas du monde, comme Moi Je ne suis pas du monde.

Ce que je désire exactement

Je ne Te prie pas de les ôter du monde, mais de les préserver du mal.

Ils ne sont pas du monde, comme Moi Je ne suis pas du monde.

Sanctifie-les par Ta vérité : Ta parole est la vérité.

Comme Tu M'as envoyé dans le monde, Je les ai aussi envoyés dans le monde.

Et Je Me sanctifie Moi-même pour eux, afin qu'eux aussi soient sanctifiés par la vérité.

Plaidoyer pour les générations futures

Ce n'est pas pour eux seulement que Je prie, mais encore pour ceux qui croiront en Moi par leur parole.

Afin que tous soient un, comme Toi, Père, Tu es en Moi, et comme Je suis en Toi, afin qu'eux aussi soient un en nous, pour que le monde croie que Tu M'as envoyé.

Je leur ai donné la gloire que Tu M'as donnée, afin qu'ils soient parfaitement un, et que le monde connaisse que Tu M'as envoyé et que Tu les as aimés comme Tu M'as aimé.

Père, Je veux que là où Je suis ceux que Tu M'as donnés soient aussi avec Moi, afin qu'ils voient Ma gloire, la gloire que Tu M'as donnée, parce que Tu m'as aimé avant la fondation du monde.

Père Je veux leurs faire connaitre Ton Nom

Père Juste, le monde ne T'a point connu ; mais Moi Je t'ai connu, et ceux-ci ont connu que Tu M'as envoyé.

Je leur ai fait connaître Ton Nom, et Je le leur ferai connaître, afin que l'amour dont Tu M'as aimé soit en eux, et que Je sois en eux. **Louis Segond**.

Le fait de passer, d'une partie à une, montre que le Père, donnait une réponse qui Lui permettait de le faire. Sans quoi, IL resterait à argumenter, le pourquoi, IL désirait telle ou telle chose.

Par, Ses passages d'une partie à une autre, on peut voir l'attitude favorable de Dieu le Père, vis-à-vis de notre Seigneur Jésus.

Je suis désolé de n'avoir pas trouvé d'autres prières à exploiter. J'aurai bien voulu les psaumes mais, je cherchais une avec une complexité.

Conclusion :

Matthieu 16 : 17-19 *en réponse, Jésus lui dit : - Tu peux te réjouir, Simon, fils de Jonas, car ce n'est pas de toi-même que tu as trouvé cela. C'est Mon Père céleste qui te l'a révélé.*

A mon tour, Je te déclare : Tu es Pierre (C'est-à-dire Roc) – et sur cette Roche, J'édifierai Mon Eglise, devant laquelle ni le pouvoir de la mort, ni les puissances infernales ne résisteront. Aucun ennemi ne pourra La détruire.

Je te donnerai les clefs du Royaume des Cieux : ce que tu interdiras ou permettras ici-bas, sera sanctionné par l'autorité divine. **Parole Vivante**.

Cette Roche ⟶ Sur cette révélation que Je suis le Fils du Dieu vivant.

J'édifierai ⟶ Je l'enseignerai, L'éclairerai, la fortifiera, La défendra, L'aidera, La consolera, La conseillera et le royaume des ténèbres ne prévaudra jamais contre elle.

Les clefs du Royaume ⟶ La connaissance de la vérité et l'autorité divine pour influencer son environnement.

Ecclésiaste 12 : 14 (a) *Du reste, mon fils, tire instruction de ces choses ; on ne finirait pas, si on voulait faire un grand nombre de livres.* **Scofield**.

Sommaire

Printed by Books on Demand GmbH, Norderstedt / Germany